Manfred Rehbinder

Rundfunkanstalten
und Kassettenmarkt

Schriftenreihe der UFITA Heft 42
Archiv für Urheber-, Film-, Funk- und Theaterrecht
Herausgegeben von Dr. jur. Georg Roeber, München

Rundfunkanstalten und Kassettenmarkt

Eine Untersuchung über die Grenzen wirtschaftlicher Betätigung der öffentlichen Hand

von

Prof. Dr. Manfred Rehbinder

Bielefeld

1972

J. Schweitzer Verlag · Berlin

Diese Abhandlung ist ein Sonderdruck
aus der Zeitschrift UFITA, Bd. 65, 1972

ISBN 3 8059 0294 8

Satz und Druck: Neuzeit-Druck, Landau/Isar.

Inhalt

Einleitung

Die Entwicklung der Fernsehtechnik hat die Möglichkeit eröffnet, Geräte herzustellen, mit deren Hilfe gespeicherte audio-visuelle Programme wiedergegeben werden können. Entsprechend der jeweils unterschiedlichen Art der Speicherung wurden bisher fünf Systeme erarbeitet: das EVR-Verfahren (Electronic Video Recording), das Selectavision-Verfahren, die Wiedergabe durch Magnetband, das Verfahren mittels Super-8-Filmen und die Wiedergabe durch Video-Platten[1]). Welche von diesen Verfahren sich am meisten bewähren werden, kann gegenwärtig noch nicht gesagt werden, da die serienmäßige Produktion der Wiedergabegeräte erst anläuft.

Mit dem herkömmlichen Fernsehen hat diese hier einheitlich und vereinfachend als Kassetten-Fernsehen bezeichnete Art der Wiedergabe von audio-visuellen Programmen gemeinsam, daß der Empfang der Programme wie bei einem normalen Fernsehprogramm über einen Bildschirm erfolgt. Der Unterschied besteht jedoch darin, daß die Besitzer der audio-visuellen Bild/Ton-Wiedergabegeräte unabhängig vom jeweiligen Sendeprogramm des Fernsehens jederzeit die von ihnen gewünschten Programme empfangen können. Der Unterschied entspricht also dem zwischen Rundfunk und Schallplatte.

Die zukünftige Bedeutung des Kassettenfernsehens läßt sich noch nicht übersehen. Anfänglich sehr optimistische kommerzielle Erwartungen haben inzwischen ersten Enttäuschungen Platz gemacht[2]). Dennoch darf erwartet werden, daß das neue Medium in nicht allzu ferner Zeit neben den übrigen Kommunikationsmitteln zunehmenden Einfluß auf Unterricht, Bildung und Unterhaltung gewinnen wird. Nicht ohne Grund macht man sich deshalb auch in steigendem Maße Gedanken über die rechtliche Problematik, die sich aus der Entwicklung des Kassettenfernsehens ergibt.

---

1) Vgl. Klaus v. Bismarck in v. Bismarck/Höfer/Herrmann/Jedele/Scholl-Latour: Zum Thema Kassettenfernsehen, Köln 1971, S. 7 ff.

2) Werner Bökenkamp: Wo bleibt die Audiovision?, in FAZ vom 21. März 1972, S. 24; Sabina Lietzmann: Konserven aus Hollywood, in FAZ vom 6. April 1972, S. 28; Renate Schostak: Die 4 000 schönsten Kunstwerke, in FAZ vom 12. April 1972, S. 32.

Diese Problematik findet ihre Ursache in dem Interessengegensatz zwischen dem herkömmlichen Fernsehen der öffentlich-rechtlichen Rundfunkanstalten und den neuen von der Industrie entwickelten audio-visuellen Systemen, der einerseits dem alten Gegensatz zwischen Fernsehen und Film entspricht, andererseits doch insoweit Besonderheiten aufweist, als es sich in beiden Fällen um audio-visuelle Programme handelt, die vom Zuschauer zu Hause empfangen werden können. Daß sich daraus eine besonders intensive Konkurrenzsituation ergibt, liegt auf der Hand. Von den Rundfunkanstalten, die auf dem Sektor audio-visueller Heimprogramme bisher eine Monopolstellung innehatten, wird deshalb die Entstehung eines privaten Kassettenmarktes mit vielfältigen Vorbehalten verfolgt.

Befürchtet wird vor allem, daß die privaten Kassettenhersteller — bedingt durch die zahlreichen Möglichkeiten des Kassettenvertriebes — in der Lage sein könnten, verhältnismäßig günstig zu kalkulieren, im Laufe der Zeit eine größere Zahl von Autoren und Künstlern exklusiv für die Kassettenproduktion zu verpflichten und dadurch dem herkömmlichen Fernsehen zu entziehen[3]). Eine weitere Folge könnte dann sein, daß die Rundfunkanstalten mit Rücksicht auf die hohen Kosten für eigene Produktionen und im Hinblick auf ihre beschränkten finanziellen Möglichkeiten darauf verwiesen wären, einen nicht unerheblichen Teil der von ihnen auszustrahlenden Programme auf dem privaten Kassettenmarkt zu erwerben, zumal dann, wenn diese Programme von Großkonzernen zu einem konkurrenzlos niedrigen Preis angeboten würden. „Von ersten und interessanten Einzelprojekten", so meint man, „würde es dann nur ein kurzer Weg sein bis zu Paketangeboten mit entsprechenden Sendeverpflichtungen". Die Lage der Rundfunkanstalten könne auf diese Weise der der Rundfunkanstalten in den USA vergleichbar werden, deren Sendungen fast ausschließlich aus Industrieschallplatten bestünden. Zwar werde „es Möglichkeiten geben, um zu verhindern, daß auch noch politische Sendungen von dem jeweiligen Lieferanten übernommen werden" müßten. Aber auch unpolitische Sendungen könnten politisch wirken. Die sich aus alledem ergebende Bedrohung der freiheitlichen Verfassung der Rundfunkanstalten und der Souveränität ihrer Programmgestaltung dürfe mithin nicht unterschätzt werden. Die Rundfunkanstalten seien deshalb gehalten, sich durch ihre Tochtergesellschaften aktiv an der Kassettenentwicklung zu beteiligen. Vor

---

[3]) Vgl. Helmut Jedele: Ist die Video-Kassette eine Gefahr für die Rundfunkanstalten?, in v. Bismarck u. a. (FN. 1), S. 26 ff.

allem eine Auswertung der vorhandenen Archivbestände sei mit Rücksicht auf die steigenden Produktionskosten im Interesse der Selbsterhaltung der Rundfunkanstalten erforderlich[4]).

Aus dieser Sicht erklärt sich das Interesse der Rundfunkanstalten, von vornherein maßgeblichen Einfluß auf den Kassettenmarkt zu gewinnen und dem Angebotsdruck des privaten Kassettenmarktes auf das Fernsehen dadurch zuvorzukommen, daß umgekehrt Fernsehproduktionen auf dem Kassettenmarkt angeboten werden. Dieses kann einmal dadurch geschehen, daß sich die Rundfunkanstalten selbst an der Kassettenproduktion beteiligen, zum anderen dadurch, daß sie ihre bisherigen Archivbestände zum Zwecke der Auswertung durch private Kassettenhersteller anbieten.

Einer derartigen Betätigung der Rundfunkanstalten auf dem Kassettenmarkt widerstreben die wirtschaftlichen Interessen der privaten Kassettenhersteller. Dieses um so mehr, als die Rundfunkanstalten wegen der ihnen zur Verfügung stehenden Archivbestände im Wettbewerb mit den privaten Kassettenherstellern einen nicht unerheblichen Vorsprung haben. Befürchtet wird deshalb seitens der privaten Kassettenhersteller, daß sie bei der Kassettenproduktion in Abhängigkeit zu den Rundfunkanstalten geraten und daß durch die notwendig nur an einen Kassettenproduzenten mögliche Vergabe bestimmter Fernsehproduktionen Wettbewerbsverzerrungen eintreten.

Da die Rundfunkanstalten darüber hinaus bei der Abnahme von Kinofilmen eine Monopolstellung haben, könnte sich für sie die Möglichkeit ergeben, auch auf die Vergabe von Kinofilmen an private Kassettenhersteller Einfluß zu nehmen. Eine dahingehende Tendenz läßt bereits die „Kassettenklausel" erkennen, die den Spielfilmproduzenten gegenwärtig bereits vom ZDF auferlegt wird. Danach garantiert der jeweilige Filmproduzent dem ZDF, „daß die Nutzungsrechte für eine Auswertung des Films im sog. Kassetten-Fernsehen oder anderen Verfahren nicht ohne Zustimmung der Anstalt während der Lizenzzeit im Lizenzgebiet an Dritte vergeben werden. Die Zustimmung der Anstalt kann nach erfolgter Erstausstrahlung nur dann verweigert werden, wenn die Anstalt diese Rechte selbst ausüben will". Dies zeigt, daß die Befürchtungen der privaten Kassettenhersteller keineswegs unbegründet sind.

Der aufgezeigte Interessengegensatz zwischen Rundfunkanstalten und privaten Kassettenherstellern führt zur Frage, ob die Rundfunk-

---

[4]) Jedele ebd., S. 26, 28 f.

anstalten überhaupt befugt sind, sich auf dem Kassettenmarkt zu betätigen. Im Hinblick auf die rechtliche Würdigung dieser Frage sei vorab zweierlei bemerkt: Einmal, daß das, was hier als Betätigung der Rundfunkanstalten auf dem Kassettenmarkt bezeichnet wird, sowohl die von den Rundfunkanstalten selbst betriebene Kassettenproduktion als auch die Verwertung vorhandener Archivbestände durch eine von privaten Kassettenherstellern betriebene Kassettenproduktion umfaßt, da eine Differenzierung zwischen beiden Formen der Betätigung auf dem Kassettenmarkt, wie im folgenden zu zeigen sein wird, nicht geboten ist. Zum anderen, daß die grundsätzliche Frage, ob sich die Rundfunkanstalten überhaupt auf dem Kassettenmarkt betätigen dürfen, zunächst nicht die weitergehende Frage einschließt, welchen wettbewerbsrechtlichen Beschränkungen ihre Betätigung auf dem Kassettenmarkt unterliegt. Denn die Frage nach dem „Wie" kann nur dann gestellt werden, wenn die vorerwähnte grundsätzliche Frage nach dem „Ob" bejaht wird.

Eine gesonderte Problematik ergibt sich aus der Möglichkeit, daß die Rundfunkanstalten die Produktion von Kassetten oder die Verwertung von Fernsehproduktionen ähnlich wie die Produktion von Spielfilmen durch von ihnen abhängige Tochtergesellschaften betreiben oder sich an gemischtwirtschaftlichen Unternehmungen beteiligen können, deren Aufgabe die Herstellung von Kassetten ist. Gerade die letztere Möglichkeit ist besonders naheliegend, weil sowohl die Rundfunkanstalten als auch die privaten Kassettenproduzenten ein Interesse an einer kostenteiligen Koproduktion haben könnten, die die Rechte zur rundfunkmäßigen Auswertung den Rundfunkanstalten und die Rechte zur sonstigen audio-visuellen Auswertung den privatwirtschaftlichen Unternehmen zuweist.

A. Die unmittelbare Betätigung der öffentlich-rechtlichen Rundfunkanstalten auf dem Kassettenmarkt

Eine Betätigung der öffentlich-rechtlichen Rundfunkanstalten auf dem Kassettenmarkt könnte als sittenwidriges Wettbewerbsverhalten bzw. als rechtswidriger Eingriff in den Rechtskreis der privaten Hersteller von Video-Kassetten zu beurteilen sein und Unterlassungs- sowie Schadensersatzansprüche nach den §§ 1 UWG, 823 Abs. 2 BGB in Verbindung mit Art. 2 und 12 GG auslösen[5]). Die Beurteilung der

---

[5]) Vgl. zu diesen Anspruchsgrundlagen BGH in JZ 1962, S. 217 ff., BGH in DVBl. 1965, S. 362 ff.; OLG München in NJW 1958, S. 1298 (1300); Helmut Schricker: Wirtschaftliche Tätigkeit der öffentlichen Hand und unlauterer Wettbewerb, 1964, S. 213 ff.

Rechtmäßigkeit des Verhaltens der Anstalten erfordert eine nähere rechtliche Qualifizierung ihrer Tätigkeit.

I. Die Betätigung auf dem Kassettenmarkt als selbständige fiskalische Tätigkeit

Der Abschluß von Filmverwertungsverträgen oder der Abschluß von Kauf- oder Mietverträgen über Kassetten ist ersichtlich eine privatrechtliche fiskalische Tätigkeit. Jedoch bedarf diese Feststellung der weiteren Präzisierung dahin, ob es sich um eine abhängige oder um eine selbständige fiskalische Tätigkeit handelt. Von abhängiger fiskalischer Tätigkeit spricht man in den Fällen, in denen sich die privatrechtliche Tätigkeit der öffentlichen Hand als Hilfstätigkeit im Hinblick auf die Erfüllung bestimmter öffentlich-rechtlicher Aufgaben darstellt[6]). Eine selbständige fiskalische Tätigkeit hingegen würde dann vorliegen, wenn die hier in Rede stehende Tätigkeit der Rundfunkanstalten ohne Bezug auf deren Funktion unmittelbar auf die Erschließung zusätzlicher Einnahmequellen gerichtet wäre.

Die Unterscheidung von abhängiger und selbständiger fiskalischer Tätigkeit ist insofern von Bedeutung, als eine abhängige fiskalische Tätigkeit immer schon durch den öffentlich-rechtlichen Zweck, dem sie zu dienen bestimmt ist, gerechtfertigt ist, soweit nur die Tatsache ihres Hilfscharakters und die Legitimität des jeweiligen öffentlich-rechtlichen Zwecks selbst außer Frage steht. Hingegen ist die Zulässigkeit selbständiger fiskalischer Tätigkeit, wie noch zu zeigen sein wird, eine Frage von weitreichender Problematik.

Die Frage, ob es sich bei der Betätigung der Rundfunkanstalten auf dem Kassettenmarkt um eine abhängige oder um eine selbständige fiskalische Tätigkeit handelt, beantwortet sich also danach, ob diese Tätigkeit in den öffentlich-rechtlichen Funktionsbereich der Rundfunkanstalten einzubeziehen ist. Wäre das der Fall, so würde sich daraus ergeben, daß eine Betätigung der Rundfunkanstalten auf dem Kassettenmarkt grundsätzlich zulässig ist. Denn der Funktionsbereich einer Anstalt des öffentlichen Rechts ist jener rechtliche Spielraum, innerhalb dessen die Anstalt die ihr zugewiesene Aufgabe erfüllen kann[7]). Für die Lösung der hier zu erörternden Frage kommt es deshalb entscheidend darauf an, wie die Grenzen des öffentlich-rechtlichen Funktionsbereichs der Rundfunkanstalten zu bestimmen sind.

---

[6]) Andreas Hamann: Deutsches Wirtschaftsverfassungsrecht, 1968, S. 67 ff., 73 ff.

[7]) Vgl. Julius Seeger: Die Produktion von Bildton-Kassetten durch Rundfunkanstalten, in DÖV 1972, S. 253 bis 271 (258).

1. Zur öffentlich-rechtlichen Funktion der Rundfunkanstalten

Der Funktionsbereich der öffentlich-rechtlichen Rundfunkanstalten ergibt sich aus den Rundfunkgesetzen der Länder sowie aus den jeweiligen Anstaltssatzungen[8]). Er findet seine Grenzen zunächst darin, daß die Rundfunkanstalten ihre Aufgabe, nämlich die Ausstrahlung von Sendeprogrammen, unter Benutzung elektro-magnetischer Wellen zu erfüllen haben[9]).

Die Begrenzung des öffentlich-rechtlichen Funktionsbereichs der Rundfunkanstalten auf das Medium elektro-magnetischer Wellen folgt aus dem Begriff des Rundfunks selbst, der in § 1 Satz 1 des SüddRfG so umschrieben wird: „Der Rundfunk im Sinne dieses Gesetzes umfaßt die Veranstaltung und Übermittlung von Darbietungen aller Art unter Benutzung elektrischer Schwingungen in Wort, Ton und Bild, soweit sie sich an die Allgemeinheit wenden". Ähnlich heißt es in § 1 Abs. 1 des Staatsvertrages über die Regelung des Rundfunkgebührenwesens vom 31. Oktober 1968 in der Fassung des Staatsvertrages zur Änderung des Staatsvertrages, unterzeichnet am 7. August 1969: „Rundfunk ist die für die Allgemeinheit bestimmte Veranstaltung und Verbreitung von Darbietungen aller Art in Wort, in Ton und in Bild unter Benutzung elektrischer Schwingungen ohne Verbindungsleitung oder längs oder mittels eines Leiters." Besonders deutlich im Sinne einer Ausschließlichkeitsbestimmung wird die vorerwähnte mediale Begrenzung des öffentlich-rechtlichen Funktionsbereichs in der Satzung des SWF vorgenommen, die in Art. 2 Abs. 2 festlegt: „Ausschließlicher Zweck des SWF ist die alleinige Rundfunkversorgung im Sendegebiet. Rundfunkversorgung ist die für die Allgemeinheit bestimmte Verbreitung von Nachrichten und von Darbietungen ... in Wort, Ton und Bild unter Benutzung elektrischer Schwingungen, die ohne Verbindungsleitung oder längs eines Leiters (Drahtfunk) übermittelt werden".

Die Begrenzung des öffentlich-rechtlichen Funktionsbereichs der Rundfunkanstalten auf das Medium elektro-magnetischer Wellen findet ihre Erklärung darin, daß gerade dieses Medium die „Sondersituation"[10]) des Rundfunks begründet. Diese Sondersituation besteht darin, daß eine nur geringe Zahl von Funkfrequenzen zur Verfügung

---

[8]) Günther Herrmann: Die Rundfunkanstalt, in AöR 90 (1965), S. 286 ff. (312 ff.); Hans Jecht: Die öffentliche Anstalt, 1963, S. 58.

[9]) Vgl. Seeger (FN. 7), S. 260.

[10]) So BVerfGE 12, 205 (261) = UFITA Bd. 34 (1961) S. 46 (82).

steht. Die Veranstaltung von Rundfunksendungen konnte deshalb mit Rücksicht auf die in Art. 5 Abs. 1 Satz 2 GG gewährleistete Rundfunkfreiheit nicht dem freien Spiel der Kräfte überlassen werden. Aus diesem Grunde wurden Anstalten des öffentlichen Rechts errichtet, deren innere Struktur die Gewähr für eine hinreichende Berücksichtigung der Vielfalt öffentlicher Meinung bietet[11]). Und nur aus diesem Grunde konnte es auch gerechtfertigt erscheinen, den Rundfunkanstalten im Bereich des Funkmediums eine Monopolstellung einzuräumen.

Das Gesagte läßt zugleich erkennen, daß neben dem Abgrenzungskriterium der Beschränkung auf das Medium elektro-magnetischer Wellen als weiteres negatives Abgrenzungskriterium zu berücksichtigen ist, daß eine Überschreitung des Funktionsbereichs der Rundfunkanstalten vor allem immer dann vorliegt, wenn diese Überschreitung eine Gefährdung der Rundfunkfreiheit zur Folge hat.

Schließlich kann der Funktionsbereich der Rundfunkanstalten auch nach Gesichtspunkten der Finanzierung bestimmt werden. Als Beispiel sei auf § 23 Abs. 2 ZDF-STV hingewiesen, der besagt, daß das ZDF seine Ausgaben abgesehen von dem ihm gemäß § 23 Abs. 1 ZDF-STV zufließenden Anteil an Fernsehgebühren im übrigen durch Einnahmen aus Werbesendungen deckt. Denn durch diese Regelung wird der Verkauf von Sendezeiten für Werbefernsehveranstaltungen, der ersichtlich eine erwerbswirtschaftliche Tätigkeit ist, in den Funktionsbereich des ZDF einbezogen. Ob eine solche ausdrückliche gesetzliche Einbeziehung des Werbefernsehens in den Funktionsbereich des ZDF überhaupt notwendig war, mag hier dahinstehen. Vertretbar erscheint immerhin die Auffassung von Peter *Lerche*, daß es ohnehin als „institutionell-historischer Bestandteil" des Rundfunkwesens anzusehen ist[12]). Tatsächlich ist denn auch die Regelung des § 23 Abs. 2 ZDF-STV, die in den übrigen Rundfunkgesetzen fehlt, vor allem im Zusammenhang mit § 23 Abs. 1 ZDF-STV zu sehen, der bestimmt, daß das ZDF lediglich 30% des anfallenden Aufkommens an Fernsehgebühren erhält, und findet ihre Erklärung darin, daß die Länder mit der ausdrücklichen gesetzlichen Normierung der Finanzierung des ZDF durch Einnahmen aus Werbesendungen eine Besteuerung der Werbeeinnahmen nach dem Körperschafts-, Gewerbe- und Vermögenssteuergesetz vermeiden wollten[13]).

---

[11]) Vgl. Seeger (FN. 7), S. 259.

[12]) So Peter Lerche: Rechtsprobleme des Werbefernsehens, 1965, S. 17; vgl. auch OLG München NJW 1958, 1298 (1301).

[13]) Ernst W. Fuhr: ZDF-Staatsvertrag, 1972, § 23 Anm. 1 b aa.

Andererseits ist auch dann, wenn man davon ausgeht, daß das Werbefernsehen als institutionell-historischer Bestandteil des Rundfunkwesens ohne weitere ausdrückliche gesetzliche Normierung hinreichend legitimiert ist, zu beachten, daß es sich insoweit um eine Ausnahme handelt. Im Grundsatz ist festzuhalten, daß jedwede Tätigkeit einer Rundfunkanstalt nur durch die Entscheidung des Gesetzgebers, sie in den Wirkungskreis der Rundfunkanstalt einzubeziehen, als institutioneller Bestandteil derselben gerechtfertigt ist.

Aus den bisherigen Überlegungen ist zugleich zweierlei zu entnehmen: Einmal, daß zwar das Medium elektro-magnetischer Wellen ein sehr wesentliches Kriterium für die Abgrenzung des Funktionsbereichs der Rundfunkanstalten ist, indessen nicht das allein ausschlaggebende. Man wird deshalb nicht sagen können, daß die Tatsache, daß sich die Rundfunkanstalten durch die Betätigung auf dem Kassettenmarkt eines ganz anderen Mediums bedienen, für sich allein genügt, um eine Überschreitung des Funktionsbereichs der Rundfunkanstalten zu begründen. So wird kaum bestritten werden können, daß die Rundfunkanstalten, wie *Seeger*[14]) zutreffend hervorhebt, berechtigt sind, Filme, Tonbandkopien und Schallplatten zu gemeinnützigen Zwecken gegen Auslagenerstattung unter dem Gesichtspunkt der Amtshilfe an Schulen oder andere öffentliche Einrichtungen abzugeben, da solche Tätigkeit noch in den Funktionsbereich der Rundfunkanstalten einzubeziehen wäre. Die Begrenzung auf das Medium elektro-magnetischer Wellen ist vielmehr ein Abgrenzungskriterium, das nur im Wege funktionaler Betrachtungsweise richtig verstanden werden kann, indem nämlich gefragt wird, ob die durch dieses Medium begründete Sondersituation des Rundfunks eine Einbeziehung der jeweiligen Tätigkeit in den Funktionsbereich der Rundfunkanstalten zuläßt bzw. gebietet. Andererseits braucht kaum besonders hervorgehoben zu werden, daß zwar die Beschaffung der für die Sendung von Rundfunkprogrammen unerläßlichen sachlichen und persönlichen Mittel zum Funktionsbereich der Rundfunkanstalten gehört, indessen nicht jegliche sonstige fiskalische Tätigkeit, die sich im Hinblick auf die Aufgabe der Rundfunkanstalten als nützlich erweist[15]). Vielmehr kommt es entsprechend dem oben Gesagten stets darauf an, ob es sich insoweit noch um eine Form abhängiger oder bereits um eine Form selbständiger fiskalischer Tätigkeit handelt. Die Frage danach beantwortet sich, wie bereits hervorgehoben, allein

[14]) FN. 7, S. 266 f.

[15]) Vgl. Seeger ebd., S. 258.

nach dem gesetzlich bestimmten Wirkungskreis der Rundfunkanstalten.

Damit ist bereits der zweite Punkt angedeutet, der hier festzuhalten ist: daß nämlich die Umgrenzung des Funktionsbereichs der Rundfunkanstalten, da sie allein der Entscheidung des Gesetzgebers vorbehalten ist, nicht zur Disposition der Rundfunkanstalten selbst steht. Eine Einbeziehung der Betätigung der Rundfunkanstalten auf dem Kassettenmarkt in ihren öffentlich-rechtlichen Wirkungskreis kann deshalb seitens der Rundfunkanstalten auch nicht ohne weiteres damit begründet werden, daß die Rundfunkanstalten erst durch die Einnahmen aus dieser an sich erwerbswirtschaftlichen Tätigkeit in die Lage versetzt würden, die Qualität der von ihnen gesendeten Programme zu verbessern bzw. die Herstellung bestimmter Sendeprogramme überhaupt zu ermöglichen. Denn die Rundfunkanstalten bestreiten die zur Erfüllung ihrer öffentlich-rechtlichen Funktion erforderlichen Ausgaben in erster Linie aus den ihnen zufließenden Gebühren und im übrigen durch Einnahmen aus Werbesendungen. Dieses sind die gesetzlich allein anerkannten Finanzierungsquellen, die von den Rundfunkanstalten nicht eigenmächtig um weitere vermehrt werden dürfen, da letzteres stets eine Erweiterung des Funktionsbereichs der Rundfunkanstalten bedingt, dessen Umgrenzung der Entscheidung des Gesetzgebers vorbehalten ist[16]). Wollte man also die Betätigung der Rundfunkanstalten auf dem Kassettenmarkt aus Gründen der Finanzierung in den öffentlich-rechtlichen Wirkungskreis der Rundfunkanstalten einbeziehen, so bedürfte es dazu einer ausdrücklichen gesetzlichen Regelung nach dem Vorbild des bereits erwähnten § 23 Abs. 2 ZDF-STV, wobei dann jedoch noch die weitere Frage der Vereinbarkeit einer solchen gesetzlichen Regelung mit den einschlägigen Bestimmungen des Grundgesetzes (u. a. Art. 2, 5 und 12 GG) zu beantworten wäre.

2. Einbeziehung der Betätigung auf dem Kassettenmarkt in den öffentlich-rechtlichen Funktionsbereich?

Aus den angegebenen Gründen müßte mithin bereits die bloße Tatsache, daß das Verbreiten von Video-Kassetten durch die Rundfunkanstalten ersichtlich der Erschließung zusätzlicher Einnahmequellen dient, den Schluß nahelegen, daß es sich hier nicht mehr um eine abhängige, dem öffentlich-rechtlichen Funktionsbereich der Rund-

---

[16]) Ebd. S. 259.

funkanstalten zugehörige, sondern um eine selbständige fiskalische Tätigkeit handelt. Doch darf dieser Schluß nicht vorschnell gezogen werden. Gerade im Hinblick auf die Problematik der Zulässigkeit selbständiger fiskalischer Tätigkeit der öffentlichen Hand möchte nämlich eine in der Literatur insbesondere von Leisner zur Problematik des Werbefernsehens vertretene Ansicht davon ausgehen, daß eine fiskalische Tätigkeit auch dann, wenn sie sich nicht als positive Hilfstätigkeit für die Erfüllung öffentlicher Aufgaben darstellt und in diesem Sinne eben nicht abhängige fiskalische Tätigkeit ist, dennoch als zulässig zu erachten ist, wenn sie als Randnutzung von Verwaltungsvermögen gewertet werden kann[17]). Eine solche Randnutzung soll nach *Leisner* vorliegen, wenn die öffentliche Hand „‚bei Gelegenheit' ihrer öffentlichen Tätigkeit, nicht ‚in Ausübung' derselben, wirtschaftlich tätig wird, um sonst brachliegendes Wirtschaftspotential, das im übrigen aber notwendig dem öffentlichen Zweck dient, auszunutzen"[18]).

Lerche, der das Werbefernsehen ebenfalls als Randnutzung von Verwaltungsvermögen für zulässig hält, spricht in diesem Zusammenhang zugleich von einer als „Annexfunktion" betriebenen „Teilfinanzierung des Rundfunks durch eine fiskalisch-wirtschaftliche Ausnutzung der den Rundfunkanstalten zur Verfügung stehenden sächlichen Betriebsmittel"[19]).

a) Annexfunktion?

Zunächst sei betont, daß die Begriffe „Randnutzung" und „Annexfunktion" schwerlich gleichbedeutend verwendet werden können, worauf *Leisner*[20]) auch zutreffend hinweist. Zwar dürfte es sinnvoll sein, beide Begriffe so zu verstehen, daß sie eine Zuordnung der jeweiligen fiskalischen Tätigkeit zum öffentlich-rechtlichen Funktionsbereich der Rundfunkanstalten bedingen. Es erscheint jedenfalls wenig zweckmäßig, insoweit zwischen einem öffentlich-rechtlichen Funktionsbereich im engeren und weiteren Sinne zu unterscheiden[21]). Deshalb soll auch im folgenden von einem einheitlichen Begriff des Funktionsbereichs der Rundfunkanstalten ausgegangen werden.

---

[17]) Walter Leisner: Werbefernsehen und öffentliches Recht, 1967, S. 69 ff.

[18]) Ebd. S. 70 unter Hinweis auf Herbert Krüger: Der Rundfunk im Verfassungsgefüge, 1960, S. 96; vgl. auch den Bericht der Kommission zur Untersuchung der Wettbewerbsgleichheit von Presse, Funk, Fernsehen und Film (sog. Michel-Kommission), Bundestagsdrucksache V/2120, S. 224.

[19]) Lerche (FN. 12), S. 19 f.

[20]) FN. 17, S. 69 f.

[21]) So offenbar Leisner ebd. S. 70, dagegen wohl zu recht Seeger (FN. 7), S. 269.

Trotzdem besteht ein Unterschied zwischen Annexfunktion und Randnutzung. Während nämlich der Begriff der Annexfunktion darauf hindeutet, daß mit der jeweiligen Tätigkeit ein öffentlicher Zweck unmittelbar verfolgt wird, und in diesem Sinne zu dem gehört, was hier positiv-abhängige fiskalische Tätigkeit genannt werden soll, steht das, was man als Randnutzung bezeichnet, wie noch zu zeigen sein wird, in einem weit entfernteren Zusammenhang mit dem jeweiligen öffentlichen Zweck und kann als Form negativ-abhängiger fiskalischer Tätigkeit verstanden werden. Dieser Unterschied bleibt bei *Lerche* weitgehend unbeachtet. Lerche betont vorab, daß das Werbefernsehen als „institutionell-historischer Bestandteil des Rundfunkwesens" anzusehen sei und leitet daraus die „traditionelle Zugehörigkeit des Werbefunks zum rundfunkrechtlichen Funktionsbereich" ab[22]). Bei der Erörterung der Frage, ob dieses auch nach geltendem Rundfunkrecht der Fall sei, weist *Lerche*[23]) darauf hin, daß zwar einerseits trotz der wirtschaftlichen Unabhängigkeit der Rundfunkanstalten, die aus der „formellen Rundfunkfreiheit" folge[24]), für deren Einnahmehoheit doch das Prinzip einer öffentlich-rechtlichen Finanzierung durch Gebühren gelte, andererseits aber dieses Prinzip öffentlich-rechtlicher Finanzierung durch den Grundsatz der Wirtschaftlichkeit der öffentlichen Verwaltung eingeschränkt sei. Daraus folgert Lerche dann, daß „jedenfalls eine als Annexfunktion betriebene Teilfinanzierung des Rundfunks durch eine fiskalisch-wirtschaftliche Ausnutzung der den Rundfunkanstalten zur Verfügung stehenden sächlichen Betriebsmittel nach geltendem Rundfunkrecht nicht institutionsfremd sein"[25]) könne. „Im Gegenteil, eine konsequent wirtschaftliche Betrachtungsweise, wie sie gerade dem deutschen Anstaltsrecht (normativ) geläufig" sei, könne „eine derartige finanzstärkende Randnutzung nicht nur zulassen, sondern im Einzelfall sogar gebieten, soweit die primäre öffentlich-rechtliche Zwecksetzung und -bindung des anstaltlichen Vermögenskomplexes nicht gefährdet"[26]) werde. Dabei sei „es gerade kennzeichnend, wenn eine derartige Randnutzung sich in fiskalisch-privatrechtlichen Formen" vollziehe. Die Frage nach der rechtlichen Vereinbarkeit solcher Randnutzung mit dem öffentlichen Zweck der Rundfunkanstalten unterliege naturgemäß oft erheblichen Zweifeln und Angriffen. Das aber

---

22) Lerche (FN. 12), S. 17 ff.
23) Ebd. S. 19.
24) So ebd. S. 15 f.
25) Ebd. S. 19 f.
26) Ebd. S. 20.

könne nichts daran ändern, „daß in institutioneller Betrachtung grundsätzlich festzuhalten sei, daß derartige, aus Gründen der Wirtschaftlichkeit unternommene fiskalische Annexnutzungen strukturell (auch im Falle nicht ausdrücklich-normativer Ermächtigung) zum Bestand des Rundfunkrechts wie allgemein des Anstaltsrechts gehören"[27]).

Diese Überlegungen *Lerches* könnten eine Bestätigung in dem schon erwähnten § 23 ZDF-STV finden, der in Abs. 2 besagt, daß die Anstalt ihre Ausgaben abgesehen von ihrem Anteil an den Einnahmen aus den Fernsehgebühren „im übrigen ... durch Einnahmen aus Werbesendungen" deckt. Denn durch diese Regelung ist, wie *Fuhr*[28]) zutreffend betont, die Werbung durch ausdrückliche gesetzliche Normierung „für das ZDF zu einer ständigen unentbehrlichen und unverzichtbaren Finanzierungsquelle geworden". Und dieses würde ja im Sinne der Überlegungen Lerches dazu führen, das Werbefernsehen als institutionell-wirtschaftlichen Bestandteil des Rundfunkwesens zu betrachten. Fuhr spricht denn auch von einer „rundfunkgesetzlichen Einbeziehung der Werbung in den Kreis der öffentlichen Aufgaben des ZDF"[29]). Gerade dieser Umstand macht indessen auch den vorerwähnten Unterschied zwischen Annexfunktion und Randnutzung besonders offenkundig. Wird nämlich das Werbefernsehen gemäß der Regelung des § 23 Abs. 2 ZDF-STV oder bei Fehlen einer entsprechenden gesetzlichen Regelung im Wege der Interpretation in den öffentlich-rechtlichen Aufgabenkreis der Rundfunkanstalten einbezogen[30]), so folgt schon daraus die Zulässigkeit des Werbefernsehens. Die Frage, ob das Werbefernsehen etwa auch unter dem Gesichtspunkt der Randnutzung von Verwaltungsvermögen zulässig sein könnte, stellt sich dann nicht mehr. Tatsächlich kann denn auch im Falle des Werbefernsehens schwerlich von einer solchen Randnutzung gesprochen werden, wenn man als Randnutzung die Verwertung frei gewordener Kapazitäten verstehen will. Denn um eigentlich freie Kapazitäten handelt es sich bei den für das Werbefernsehen zur Verfügung gestellten Sendezeiten nicht, da die Rundfunkanstalten doch durchaus in der Lage sind, diese Sendezeiten für andere Programmzwecke zu verwenden.

Umgekehrt kann die Betätigung der Rundfunkanstalten auf dem Kassettenmarkt nicht als Annexfunktion verstanden werden. Denn es

---

[27]) Ebd. S. 21.

[28]) FN. 13 ebd.

[29]) Ebd. und § 23 Anm. 3 b sowie Anm. 3 d bb und cc.

[30]) Vgl. OLG München in NJW 1958, 1298 (1300 f.).

gibt keine rundfunkrechtliche Bestimmung, die die Betätigung der Rundfunkanstalten auf dem Kassettenmarkt unter Gesichtspunkten der Finanzierung ausdrücklich dem öffentlich-rechtlichen Aufgabenkreis der Rundfunkanstalten zuweist. Auch läßt sich ein dahingehender Wille des Gesetzgebers anders als im Falle des Werbefernsehens nicht im Wege der Interpretation ermitteln. Es geht deshalb im folgenden allein um die Frage, ob die Betätigung der Rundfunkanstalten auf dem Kassettenmarkt als Randnutzung von Verwaltungsvermögen angesehen werden kann oder nicht.

b) Randnutzung von Verwaltungsvermögen?

Vorab sei betont, daß dieser Begriff nicht zum bekannten Begriffsinstrumentarium der zeitgenössischen Verwaltungsrechtslehre gehört. Dennoch dürfte einleuchtend sein, daß es so etwas wie eine Randnutzung von Verwaltungsvermögen geben muß. Will z. B. eine Behörde ihre alten, bislang benutzten Schreibtische durch neue ersetzen, so dürfte keinem Zweifel unterliegen, daß sie berechtigt ist, die alten Schreibtische auf dem freien Markt gegen Entgelt zu veräußern. Nach dem Prinzip der Wirtschaftlichkeit ist sie dazu sogar verpflichtet. Hingewiesen sei in diesem Zusammenhang auf § 29 Vorl. FinanzO-ZDF, der besagt, daß „Gegenstände, die im Eigentum der Anstalt stehen, ... nur gegen einen dem vollen Wert entsprechenden Preis veräußert und nur gegen eine angemessene Entschädigung Dritten zur Benutzung überlassen werden" dürfen, soweit nicht ausdrücklich etwas anderes bestimmt ist. In dieser Vorschrift, die nur haushaltsrechtliche Intentionen verfolgt, ist zwar unmittelbar nichts über die Zulässigkeit einer Randnutzung von Verwaltungsvermögen durch das ZDF gesagt. Dennoch kann aus ihr, da eine Veräußerung oder Gebrauchsüberlassung anstaltseigener Gegenstände nur unter dem Gesichtspunkt einer Randnutzung denkbar ist, doch jedenfalls mittelbar die grundsätzliche Zulässigkeit einer Randnutzung von Verwaltungsvermögen entnommen werden.

Offen bleibt allerdings, was im einzelnen unter einer Randnutzung von Verwaltungsvermögen zu verstehen ist. Eine detaillierte Begriffsbestimmung bringt besonders deshalb Schwierigkeiten mit sich, weil sie auf dem Hintergrund der Frage erfolgen muß, ob und inwieweit die öffentliche Hand durch eine erwerbswirtschaftliche Betätigung in Konkurrenz zur Privatwirtschaft treten darf.

Bisher ist der Begriff der Randnutzung zur Begründung für die Zulässigkeit erwerbswirtschaftlicher Tätigkeit der öffentlichen Hand nur von *Leisner*[31]), *Lerche*[32]) und *Jürgens*[33]) verwendet worden, denen sich *Herrmann*[34]) und *Fuhr*[35]) angeschlossen haben[36]). Die Rechtsprechung hingegen hat zu diesem Begriff, soweit ersichtlich, noch nicht Stellung genommen[37]). Es ist deshalb sicher nicht ganz unberechtigt, festzustellen, daß es sich bei dem Begriff der Randnutzung um eine noch weitgehend ungeklärte Rechtsfigur handelt, deren näheres Verständnis letztlich nur durch eine Konturierung anhand von Fallgruppen zu gewinnen sein wird. Immerhin können schon jetzt zwei Aspekte hervorgehoben werden, die bei der Beantwortung der Frage, was in dem jeweiligen konkreten Fall noch als Randnutzung von Verwaltungsvermögen angesehen werden kann und was nicht, wohl immer eine Rolle spielen werden:

(1) Zu beachten ist zunächst, daß eine Randnutzung von Verwaltungsvermögen, obwohl sie keine positive Hilfstätigkeit in bezug auf die Erfüllung der jeweiligen öffentlich-rechtlichen Aufgaben ist, dennoch zur abhängigen fiskalischen Tätigkeit der öffentlichen Hand gehört. Eine nähere Bestimmung des Begriffs der Randnutzung hat also insbesondere aus der Sicht des Gegensatzes zwischen Randnutzung und selbständiger fiskalischer Tätigkeit zu erfolgen. Die Randnutzung von Verwaltungsvermögen kann dabei als negatives Gegenstück zur positiv-abhängigen fiskalischen Tätigkeit angesehen werden.

Mit dem Begriff positiv-abhängiger fiskalischer Tätigkeit der öffentlichen Hand ist gemeint, daß es sich um eine Tätigkeit handelt, die positiv erforderlich ist, um den jeweiligen öffentlichen Zweck zu erfüllen, wie etwa die Errichtung von Produktionsanlagen, um die Herstellung eines Sendeprogrammes zu ermöglichen. Das einmal auf diese Weise erlangte Verwaltungvermögen kann nun entweder nur teilweise erforderlich sein, um die öffentliche Funktion zu erfüllen, — so etwa die Wände eines Innenraumes in einem Postgebäude oder in einem Eisenbahnabteil, die zu Werbezwecken benutzt werden können — oder es kann seine Erforderlichkeit bzw. Verwendbarkeit nachträglich einbüßen — entweder dadurch, daß alte Schreibtische durch

---

[31]) FN. 17.

[32]) FN. 12.

[33]) Erhard Jürgens: Verfassungsmäßige Grenzen der Wirtschaftswerbung, in VerwA 53 (1962), S. 105 (133 f.): Nebennutzung.

[34]) Günter Herrmann: Kassettenfernsehen. Zur juristischen Fragestellung, in v. Bismarck u. a. (FN. 1), S. 12 (16 ff.).

[35]) FN. 13, § 1 Anm. 3 a, § 20 Anm. 4 a.

[36]) Vgl. auch Schricker (FN. 5), S. 198 ff.; Volker Emmerich: Der unlautere Wettbewerb der öffentlichen Hand, 1969, S. 55.

[37]) Vgl. indessen RGZ 119, 435 ff.; 124, 239 ff.

neue ausgewechselt werden, oder dadurch, daß aufgrund einer Bedarfsminderung Kapazitäten frei werden. In all diesen Fällen ergibt sich dann die Möglichkeit, dieses für die Ausübung öffentlicher Funktionen beschaffte Verwaltungsvermögen durch eine gleichsam negativ-abhängige fiskalische Betätigung „am Rande" der öffentlichen Funktion zu nutzen.

In diesem Zusammenhang von einer negativ-abhängigen fiskalischen Tätigkeit zu sprechen, erscheint sinnvoll deswegen, weil diese Tätigkeit ersichtlich nicht mehr positiv dem öffentlichen Zweck dient, andererseits aber doch in einem mittelbaren, wenn auch entfernteren Zusammenhang mit dem öffentlichen Zweck steht, sei es, daß man sich des bisherigen Verwaltungsvermögens entledigen muß, um Platz zu schaffen für neues, sei es, daß man sich allein aus Gründen der Wirtschaftlichkeit zu einer solchen Randnutzung gehalten oder berechtigt sieht, wie etwa bei der Vermietung freier Räume in einem Verwaltungsgebäude. Mit dieser Umschreibung der Randnutzung von Verwaltungsvermögen als negativ-abhängiger fiskalischer Tätigkeit der öffentlichen Hand kann im übrigen zugleich deutlich gemacht werden, daß eine Randnutzung von Verwaltungsvermögen immer nur dort gegeben ist, wo dieses z u n ä c h s t zur Erfüllung des öffentlichen Zweckes beschafft wurde. Denn letzteres folgt notwendig daraus, daß die Randnutzung eben nur als n e g a t i v e s Gegenstück zur positiv-abhängigen fiskalischen Tätigkeit der öffentlichen Hand zulässig erscheint. Das erklärt, warum die Frage, ob die Rundfunkanstalten möglicherweise die Produktion eines Films durch eine von vornherein ins Auge gefaßte Verwertung der Kassettennutzungsrechte am Film finanzieren dürfen, nicht unter dem Gesichtspunkt der Randnutzung erörtert werden kann[38]). Diese Frage ist deshalb auch schon oben im Zusammenhang damit erörtert worden, ob eine Betätigung der Rundfunkanstalten auf dem Kassettenmarkt unmittelbar in den öffentlich-rechtlichen Aufgabenkreis der Rundfunkanstalten einbezogen werden kann oder nicht.

(2) Zum anderen ist zu beachten, daß die Abgrenzung zwischen selbständiger fiskalischer Tätigkeit und Randnutzung von Verwaltungsvermögen nicht allein qualitativ in dem oben angegebenen Sinne, sondern vor allem auch quantitativ nach dem Grade der Verselbständigung der jeweiligen Randnutzung vorzunehmen ist[39]). Aus dieser Sicht kann also immer dann nicht mehr von einer Randnutzung von

---

[38]) Vgl. Michel-Kommission (FN. 18), S. 234.

[39]) So besonders Günter P ü t t n e r : Die öffentlichen Unternehmen, 1969, S. 70.

Verwaltungsvermögen gesprochen werden, wenn die fiskalische Tätigkeit den auf einen bestimmten öffentlich-rechtlichen Zweck gerichteten Hauptbetrieb nicht mehr bloß abrundet, sondern ein derartiges Eigengewicht erhält, daß sie sich eben nicht mehr als das lediglich negative Gegenstück zur positiv-abhängigen fiskalischen Tätigkeit darstellt. Ganz in diesem Sinne grenzt denn auch der Bericht der Michel-Kommission[40]) die Zulässigkeit einer Randnutzung von Verwaltungsvermögen durch die Rundfunkanstalten dahin ein, daß diese nicht „systematisch und in sehr bedeutendem Umfang" erfolgen dürfe. Im übrigen wird es für den hier angeführten Gesichtspunkt des Grades der Verselbständigung vor allem darauf ankommen, inwieweit die Absicht, am wirtschaftlichen Wettbewerb teilzunehmen, um neue Einnahmequellen für die öffentliche Hand zu erschließen, gegenüber der Absicht der bloßen Ausnutzung brachliegenden Wirtschaftspotentials überwiegt.

Wendet man die eben erarbeiteten Kriterien auf den vorliegenden Fall an, so kann zur Begründung für die Annahme einer Randnutzung eigentlich nur angeführt werden, daß sich die Betätigung der Rundfunkanstalten auf dem Kassettenmarkt als Ausnutzung brachliegenden Wirtschaftspotentials der Rundfunkanstalten, nämlich als Ausnutzung bereits zu Programmzwecken benutzten Filmmaterials darstellt. Gegen die Annahme einer Randnutzung hingegen spricht, daß eine solche Betätigung der Rundfunkanstalten auf dem Kassettenmarkt doch im Hinblick auf den Grad ihrer Verselbständigung ersichtlich in erster Linie zum Zwecke der Teilnahme am wirtschaftlichen Wettbewerb, und zwar „systematisch und in sehr bedeutendem Umfange" und nicht nur a m R a n d e erfolgen würde. Ein über den Rahmen bloßer Randnutzung hinausgehendes besonderes Gewicht erhielte die Betätigung der Rundfunkanstalten auf dem Kassettenmarkt nämlich dadurch, daß sich die Rundfunkanstalten hier einen ganz neuen Wirtschaftszweig erschließen, in dem sie vermutlich aufgrund der allgemein zunehmenden Verlagerung der Filmwirtschaft auf die Rundfunkanstalten einen nicht unerheblichen Vorsprung gegenüber ihren Mitkonkurrenten hätten. Hinzukommt, daß sich die Rundfunkanstalten, obwohl sie ihrer öffentlich-rechtlichen Funktion nach darauf beschränkt sind, Programme mittels elektro-magnetischer Wellen auszustrahlen, hier eines ganz anderen Mediums bemächtigen, was mit Ausnahme des Falles, daß Fernsehproduktionen von vornherein auf Kassettenmaterial fixiert werden, besondere technische

---

[40]) FN. 18, S. 234.

Vorrichtungen erfordert, so daß letztlich die Entwicklung eines ganz eigenen Betriebszweiges innerhalb der Rundfunkanstalten zu erwarten ist. Die Verselbständigung dieses Betriebszweiges würde in ihren Ausmaßen auch weit über das hinausgehen, was etwa die Bundesbahn- und Bundespost-Reklamegesellschaften tun, wenn sie auf dem Gelände oder in den Gebäuden der Bundesbahn oder der Bundespost Tafeln für Werbezwecke installieren lassen.

Dabei sei nachdrücklich darauf hingewiesen, daß die Grenze des Zulässigen entgegen der Ansicht der Kassetten-Kommission des ZDF in deren Bericht vom 25. April 1972 (S. 9) nicht erst dann überschritten ist, wenn die Verwertung von Fernsehaufnahmen zur Haupttätigkeit und die eigentliche Aufgabe der Verbreitung des Fernsehprogrammes zur Nebentätigkeit würde, sondern entsprechend dem oben Gesagten bereits dann, wenn die jeweilige fiskalische Tätigkeit den Hauptbetrieb der Rundfunkanstalten nicht mehr bloß abrundet, sondern ein derartiges Eigengewicht erhält, daß sie sich eben nicht mehr als das lediglich negative Gegenstück zur positiv-abhängigen fiskalischen Tätigkeit der Rundfunkanstalten darstellt.

Um nun zu ermitteln, wann gerade im Hinblick auf Fallgruppen der vorliegenden Art noch von einer Randnutzung im Sinne eines negativen Gegenstückes zur positiv-abhängigen fiskalischen Tätigkeit gesprochen werden kann, und wann nicht mehr, bedarf es einer weiteren und detaillierteren Bestimmung des bereits oben erwähnten Zusammenhanges, in dem eine negativ-abhängige fiskalische Tätigkeit mit dem jeweiligen öffentlichen Zweck stehen muß.

Bei dem schon mehrfach erwähnten Beispiel einer Veräußerung von alten Schreibtischen, die durch neue ersetzt werden sollen, ist dieser Zusammenhang ziemlich deutlich. Er gründet hier auf der Tatsache, daß neue Schreibtische nur dann angeschafft werden können, wenn die alten zunächst entfernt worden sind, im weiteren dann auch auf dem Umstand, daß Grundsätze der Wirtschaftlichkeit eine Veräußerung gegen angemessenes Entgelt gebieten. Hingegen ist ein ähnlich auf der Hand liegender Zusammenhang mit der öffentlichen Aufgabenstellung im Falle der Verwendung von Archiv-Material der Fernsehanstalten nicht ersichtlich. Zu denken wäre allenfalls an Erwägungen der Wirtschaftlichkeit, die — wie oben ausgeführt — auch für sich genommen jenen Zusammenhang begründen können. Indessen muß man den Grundsatz der Wirtschaftlichkeit jeweils schwerpunktmäßig von der Finanzierung der von den Rundfunkanstalten zu erfüllenden öffentlichen Aufgaben abheben. Beide

Bereiche werden denn auch im Gesetz, wie etwa aus den §§ 23 und 24 ZDF-STV zu entnehmen ist, ganz deutlich geschieden. Zwar wird man wohl schwerlich ausschließen können, daß die Übergänge zwischen beiden Bereichen fließend sind. Immerhin läßt sich doch die Finanzierung der von den Rundfunkanstalten zu erfüllenden öffentlichen Aufgaben dadurch konkretisieren und vom Bereich des Haushaltswirtschaftlichen abheben, daß man zu ihr nur jene Einnahmen rechnet, die sich als unerläßlich für die Erfüllung der öffentlichen Aufgaben der Rundfunkanstalten und demgemäß als „institutionell-wirtschaftlicher Bestandteil" derselben darstellen. Ist nämlich diese Voraussetzung erfüllt, dann kann, wie oben gezeigt wurde, nicht mehr von einer Randnutzung, sondern nur von einer Annexfunktion gesprochen werden. Die Intention, das Werbefernsehen in diesem Sinne als Annexfunktion der Rundfunkanstalten festzulegen, verfolgt, wie wir gesehen haben, die Vorschrift des § 23 Abs. 2 ZDF-STV. Dieses erscheint auch insoweit einsichtig, als eine Finanzierung des ZDF bei Gründung desselben nur durch zusätzliche Einnahmen aus Werbesendungen sichergestellt werden konnte. Entsprechendes gilt hingegen nicht z. B. für die Vermietung freier Räume in einem Verwaltungsgebäude, da die Einnahmen daraus nicht im vorerwähnten Sinne unerläßlich für die Erfüllung der öffentlichen Funktion der jeweiligen Behörde sind. Ein anderer Aspekt ist, daß diese Einnahmen aus haushaltswirtschaftlichen Gesichtspunkten erwünscht sind. Und dieser Aspekt könnte denn auch in der Tat jenen Zusammenhang zwischen der Vermietung freier Räume und der öffentlichen Funktion der jeweiligen Behörde begründen, der die Vermietung freier Räume als zulässige Randnutzung erscheinen läßt.

Ob dieses hingegen in gleicher Weise für eine Betätigung der Rundfunkanstalten auf dem Kassettenmarkt gesagt werden kann, muß bezweifelt werden. Auch wenn nämlich eine Betätigung der Rundfunkanstalten auf dem Kassettenmarkt zunächst nur aus haushaltswirtschaftlichen Gründen erfolgt, so legt doch die zu erwartende Bedeutung des Geschäfts mit Kassetten die berechtigte Vermutung nahe, daß das Kassettengeschäft zwangsläufig allein wegen des Umfangs der daraus entstehenden Einnahmen zu einer faktisch unerläßlichen Finanzierungsquelle für die Rundfunkanstalten würde und demgemäß dann später ähnlich wie das Werbefernsehen als „institutionell-historischer" bzw. „institutionell-wirtschaftlicher Bestandteil" des Rundfunkwesens[41]) angesehen werden könnte. Unter diesem Gesichts-

---

[41]) Vgl. Lerche (FN. 12), S. 17 ff.

punkt ist es, wie bereits einleitend angedeutet, nicht sinnvoll, zwischen einer von vornherein für den Kassettenmarkt vorgesehenen Kassettenproduktion und einer Verwertung von Archivbeständen zu unterscheiden.[42]) Eine solche Unterscheidung erscheint zwar auf den ersten Blick juristisch einleuchtend, verkennt aber, daß sich beide Bereiche bei wirtschaftlicher Betrachtungsweise schwerlich trennen lassen, da unter der Voraussetzung, daß eine Verwertung von Archivmaterial als zulässig erachtet werden sollte[43]), der dadurch zu erwartende Gewinn bei der Herstellung von Fernsehprogrammen zu berücksichtigen wäre, was notwendig zu einer zunehmenden, von seiten der Rundfunkanstalten ja auch offen ins Auge gefaßten „Teilkommerzialisierung" von Rundfunk und Fernsehen führen müßte.[44]) Daß eine solche Entwicklung nicht unerheblichen Bedenken begegnet, braucht kaum besonders hervorgehoben zu werden. Denn es ist offenkundig, daß sich dadurch die Möglichkeit abzeichnet, daß die Gestaltung der Fernsehprogramme mit Rücksicht auf das Kassettengeschäft in Abhängigkeit von den Bedürfnissen des freien Marktes gerät, mithin die Freiheit der Programmgestaltung gefährdet würde, was mit der öffentlichen Aufgabenstellung der Rundfunkanstalten unvereinbar wäre.

Die angeführten Erwägungen zeigen, daß eine Betätigung der Rundfunkanstalten auf dem Kassettenmarkt nicht als negativ-abhängige fiskalische Tätigkeit gewertet werden kann. Sie könnte, da sie sich im Laufe der Zeit zwangsläufig zu einem unerläßlichen institutionell-wirtschaftlichen Bestandteil des Rundfunkwesens entwickeln würde, nur als Annexfunktion der Rundfunkanstalten zulässig sein. Das hingegen würde nach dem oben Ausgeführten eine dem § 23 Abs. 1 ZDF-STV entsprechende gesetzliche Regelung voraussetzen.

c) „Zweitnutzung"

Durch das bisher Gesagte ist bereits deutlich geworden, daß entgegen der Ansicht der Kassetten-Kommission des ZDF in deren Bericht vom 25. 4. 1972 (S. 8) das Archivmaterial der Rundfunkanstalten als Gegenstand möglicher Randnutzung nicht ohne weiteres mit sonstigen Gegenständen des Verwaltungsvermögens der Rundfunkanstalten — etwa Möbeln oder technischen Einrichtungen — gleichgesetzt werden darf. Der Unterschied zwischen solchen Gegenständen

---

[42]) So Seeger (FN. 7), S. 260, 267 ff.

[43]) So Seeger ebd. S. 267 ff.

[44]) Vgl. Peter Scholl-Latour: Die Unterhaltung und die Kassette, in v. Bismarck u. a. (FN. 1), S. 40 (47 ff., 51).

des Verwaltungsvermögens und dem Archivmaterial der Rundfunkanstalten ergibt sich aus der besonderen Beziehung dieses Archivmaterials zu der Art seiner medialen Verwendung, die darin zum Ausdruck kommt, daß das den Rundfunkanstalten zur Verfügung stehende Filmmaterial in erster Linie an das Medium elektro-magnetischer Wellen gebunden ist. Nun ist zwar oben darauf hingewiesen worden, daß das Medium elektro-magnetischer Wellen nicht das allein ausschlaggebende Kriterium für die Abgrenzung des öffentlich-rechtlichen Funktionsbereiches der Rundfunkanstalten ist. Deshalb kann auch im Hinblick auf die Frage der Randnutzung nicht bereits die Tatsache, daß sich die Rundfunkanstalten durch ihre Betätigung auf dem Kassettenmarkt eines ganz anderen Mediums bedienen, für sich genommen die These begründen, daß es sich insoweit nicht mehr um eine Randnutzung von Verwaltungsvermögen handelt. Entscheidend ist vielmehr der Umstand, daß das Medium elektro-magnetischer Wellen jene Sondersituation des Rundfunks begründet, die es gerechtfertigt erscheinen läßt, den Rundfunkanstalten im Bereich des Funkwesens eine Monopolstellung einzuräumen. Vor allem dieser Umstand legt denn auch den Schluß nahe, daß jede kommerzielle Ausweitung dieser Monopolstellung auf ein anderes Medium — denn darauf würde die Betätigung der Rundfunkanstalten auf dem Kassettenmarkt hinauslaufen — als unzulässige „Zweitnutzung" zu werten ist. Zulässig unter dem Gesichtspunkt der Randnutzung ist demnach nur die Vergabe von Fernsehproduktionen durch eine Rundfunkanstalt an eine andere zum Zwecke der Ausstrahlung mittels elektromagnetischer Wellen oder etwa an öffentliche Einrichtungen zu gemeinnützigen Zwecken.

Diesem Ergebnis mag man entgegenhalten, daß das, was hier als unzulässige „Zweitnutzung" bezeichnet wird, doch offenbar auch sonst in den Fällen vorgenommen wird, in denen man von Randnutzung spricht. Zu denken wäre etwa an die Postreklame. Die Reklamewand im Innenraum eines Postgebäudes ist ja, denkt man an den öffentlichen Zweck, dem das Postgebäude dienen soll, ersichtlich nicht zu diesem Zweck errichtet worden. Daß indessen die Sachlage im vorliegenden Fall eine ganz andere ist, und daß auch die Reklamewände eines Postgebäudes nicht ohne weiteres mit dem Archivmaterial der Rundfunkanstalten gleichgesetzt werden dürfen, wird deutlich, wenn man sich außer den bereits erwähnten Gesichtspunkten des weiteren vor Augen führt, daß die Herstellung der hier randzunutzenden Fernsehproduktionen im Hinblick auf die Wettbewerbslage zwischen den Rundfunkanstalten und der privaten Filmwirtschaft eine Eigenbedarfsdeckung der Rundfunkanstalten darstellt[45]). Zwar ist allgemein anerkannt, daß die Rundfunkanstalten ungeachtet der Verpflichtung der öffentlichen Hand zu besonderer Rücksichtnahme auf private Mitbewerber nicht gehalten sind, bei der Zusammenstellung ihrer Fernsehprogramme auf die private Filmwirtschaft als Zulieferer zurückzugreifen. Doch läßt sich das Fehlen einer dahingehenden Verpflichtung eben gerade dadurch rechtfertigen, daß die Herstellung von Fernsehprogrammen eindeutig der öffentlich-rechtlichen, vom Prinzip der Rundfunkfreiheit geprägten Aufgabenstellung der Rundfunkanstalten untergeordnet ist[46]). Denn aus dem Gebot unabhängiger, der Vielfalt öffentlicher Meinung gerecht werdender Programmgestaltung folgt, daß die Unterhaltung eigener Anlagen zur Herstellung von Fernsehprogrammen nicht nur zulässig, sondern teilweise sogar geboten ist. Die darin zum Ausdruck kommende besondere Bezogenheit des Filmmaterials auf den öffentlich-rechtlichen Zweck der Rundfunkanstalten und damit mittelbar auch auf das Funkmedium zeigt, welch erheblicher Unterschied zwischen der Randnutzung der Innenwand eines Postgebäudes und der Randnutzung des Archivmaterials der Rundfunkanstalten besteht.

Ergibt sich aber vor allem aus dem öffentlich-rechtlichen Zweck der Rundfunkanstalten die Zulässigkeit einer Eigenbedarfsdeckung mit Filmmaterial, so kann nicht ohne weiteres anerkannt werden, daß den Rundfunkanstalten nun auch noch eine vollkommen grenzenlose kommerzielle Auswertung der im Rahmen solcher Eigenbedarfsdekkung erstellten Produktionen unter dem Gesichtspunkt der Randnutzung gestattet sein soll, die gänzlich jenseits des öffentlichen Zwekkes der Rundfunkanstalten liegt. Dieses um so mehr, als sich diese kommerzielle Auswertung entsprechend dem oben Gesagten zwangsläufig zu einem institutionell-wirtschaftlichen Bestandteil des Rundfunkwesens mit den daraus notwendig erwachsenden bedenklichen Folgen entwickeln würde und durch sie des weiteren die unzweifelhaft bestehende Monopolstellung der Rundfunkanstalten im Hinblick auf die Nachfrage nach audiovisuellen Programmen zusätzlich um eine solche auf der Seite des Angebots audio-visueller Kassettenprogramme erweitert würde[47]). Die Abgrenzung zulässiger Randnutzung des Filmmaterials der Rundfunkanstalten kann mithin nur aus der

---

[45]) Dazu Leisner: Öffentlich-rechtliche Probleme der Beziehungen zwischen Film und Fernsehen, in DÖV 1967, S. 693 (700 ff.); vgl. auch Hans Klein: Die Teilnahme des Staates am wirtschaftlichen Wettbewerb, 1968, S. 182 f.; BayVGH 5 (1962), 224 (229).

[46]) Vgl. Leisner ebd. S. 702 f.

[47]) Leisner ebd. S. 703.

durch das Funkmedium bedingten Sondersituation des Rundfunks hergeleitet werden. Rechtfertigt nämlich vor allem diese Sondersituation die Entscheidung des Gesetzgebers, den Rundfunk nicht dem freien Spiel der Kräfte zu überlassen, sondern Anstalten des öffentlichen Rechts zu errichten, so kann es andererseits den Rundfunkanstalten ebenfalls nicht bereits unter dem Gesichtspunkt der Randnutzung von Verwaltungsvermögen gestattet sein, die ihnen aus ihrer Monopolstellung im Bereich des Funkmediums erwachsenen Vorteile zum Zwecke der Gewinnerzielung auf ein anderes Medium zu übertragen.

II. Die mangelnde Befugnis der Rundfunkanstalten zu selbständiger fiskalischer Tätigkeit

Ist nach allem davon auszugehen, daß eine Betätigung der Rundfunkanstalten auf dem Kassettenmarkt in der Regel als selbständige fiskalische Tätigkeit anzusehen ist, so ist nunmehr zu fragen, ob den Rundfunkanstalten eine solche selbständige fiskalische Tätigkeit gestattet ist oder nicht.

1. Verbot selbständiger fiskalischer Tätigkeit?

a) nach wirtschaftsverfassungsrechtlichen Gesichtspunkten (Subsidiaritätsprinzip)

Ein Verbot selbständiger fiskalischer Tätigkeit könnte sich für die Rundfunkanstalten zunächst daraus ergeben, daß der öffentlichen Hand überhaupt jede selbständige fiskalische Tätigkeit grundsätzlich versagt ist. Eine dahingehende Ansicht ist u. a. vor allem von *Dürig* vertreten worden[48]). *Dürig* meint, daß „grundsätzlich das staatsgerichtete Grundrecht der Wettbewerbsfreiheit den Staat auch (hindere), seinerseits in Wirtschaftskonkurrenz zur Privatwirtschaft zu treten". Eine erwerbswirtschaftliche Betätigung sei dem Staat deshalb nur dann erlaubt, so führt *Dürig* unter Hinweis auf § 67 DGO und die entsprechenden Vorschriften der GOen der Länder aus, wenn sie durch einen öffentlichen Zweck gerechtfertigt, nicht hingegen, wenn sie Ausdruck eines Gewinnstrebens des Staates sei, und wenn der öffentliche Zweck nicht besser und wirtschaftlicher durch private Unternehmungen erfüllt bzw. deren Tätigkeit als nicht ausreichend zur Erfüllung des öffentlichen Zweckes angesehen werden könne.

---

[48]) Maunz/Dürig/Herzog: Grundgesetz, 3. Aufl. 1971, Art. 2 Abs. 1, Nr. 52.

Aus ähnlichen Erwägungen spricht *Nipperdey*[49]) der öffentlichen Hand für den Regelfall die Befugnis zu selbständiger fiskalischer Tätigkeit ab. *Nipperdey* meint, daß die wirtschaftliche Eigenbetätigung des Staates in Wirklichkeit nur eine Modalität staatlicher Einwirkung auf das Wirtschaftsleben sei und das Grundrecht der Wettbewerbsfreiheit genau so berühre wie direkte Interventionen. Sie sei daher wie jene nur zulässig, wenn die Voraussetzungen einer der drei Schranken des Art. 2 Abs. 1 GG, insbesondere also wenn der Vorbehalt der verfassungsmäßigen Ordnung geltend gemacht werden könne. Die wirtschaftliche Betätigung der öffentlichen Hand müsse demgemäß durch überragende Forderungen des Gemeinwohls zwingend geboten sein. Unter Berücksichtigung des in der Gemeinwohlklausel enthaltenen Subsidiaritätsprinzips dürfe sich die öffentliche Hand daher nur insoweit wirtschaftlich betätigen, als die private Wirtschaft nicht imstande sei, die notwendigen Aufgaben zu erfüllen. Das gelte vor allem für existenznotwendige Versorgungsaufgaben. Unzulässig sei dagegen eine wirtschaftliche Betätigung, die der Aufbesserung der Staatsfinanzen oder überhaupt einer auf den Gewinn abzielenden Konkurrenz gegenüber der Privatwirtschaft diene.

Nun berücksichtigen zwar sowohl *Dürig* wie auch *Nipperdey*, daß das GG selbst in Art. 105, 106 und 108 die Zulässigkeit von Finanzmonopolen voraussetzt. Daraus ergibt sich denn auch für *Dürig* der Schluß, daß der Staat, wenn er verfassungsrechtlich zulässig die Konkurrenz der Privatwirtschaft ausschließen dürfe, erst recht als Mitkonkurrent am Markt, also ohne derartige Ausschließlichkeitsansprüche auftreten dürfe. Doch könne dieses, so meint *Dürig* dann weiter, nur für die vom GG vorgefundenen, gewissermaßen traditionellen erwerbswirtschaftlichen Betätigungen der öffentlichen Hand gelten[50]).

Zu einem im Hinblick auf die hier zu lösenden Probleme gleichen Ergebnis wie *Dürig* und *Nipperdey* gelangt auch Ernst Rudolf *Huber*[51]), der allerdings anders als Nipperdey nicht von der Garantie der sozialen Marktwirtschaft durch das GG ausgeht, sondern von der institutionellen Garantie einer gemischten Wirtschaftsverfassung durch das GG spricht[52]), die auf das „Neben- und Ineinander zweier gegenläu-

---

[49]) Hans C. Nipperdey: Soziale Marktwirtschaft und Grundgesetz, 1961, S. 25 ff.

[50]) Ähnlich Nipperdey ebd. S. 26.

[51]) Der Streit um das Wirtschaftsverfassungsrecht, in DÖV 1956, S. 97 ff., 135 ff., 172 ff., 200 ff.

[52]) Ebd. S. 101; so auch Ballerstedt: Wirtschaftsverfassungsrecht, in Bettermann/Nipperdey: Die Grundrechte, Bd. III, 1 (1958), S. 1 (60); Constantinesco: Grundgesetz und Wirtschaftsverfassung, 1960, S. 118 ff., Dürig (FN. 48) Nr. 44.

figer, jedoch dialektisch verbundener Hauptgrundsätze gleichen Ranges", einerseits der Wirtschaftsfreiheit des einzelnen, andererseits der Sozialstaatlichkeit gegründet sei. Denn auch *Huber* meint, daß das Prinzip der Wettbewerbsfreiheit in dem Sinne den Vorrang habe, daß der Staatseingriff erst statthaft werde, wenn feststehe, daß freie Initiative und freier Wettbewerb nicht ausreichen, um dem Gemeinwohl zu genügen.[53])

Der vorerwähnten Ansicht, die der öffentlichen Hand die Befugnis zu selbständiger erwerbswirtschaftlicher Tätigkeit für den Regelfall abspricht, hat sich die überwiegende Meinung im Schrifttum, vor allem aber auch die Rechtsprechung nicht angeschlossen. Dabei wird unter Hinweis auf die Fragwürdigkeit einer objektivierenden Interpretation der Grundrechte im Sinne einer bestimmten Wirtschaftsverfassung[54]) davon ausgegangen, daß das GG überhaupt keine bestimmte Wirtschaftsverfassung statuiere[55]), sondern dem Gesetzgeber eine wirtschaftsverfassungsrechtliche Entscheidungsfreiheit überlasse. Diese wirtschaftsverfassungsrechtliche Entscheidungsfreiheit des Gesetzgebers soll indessen nicht unbegrenzt, sondern, wie *Scheuner*[56]) ausführt, von gewissen leitenden, in das GG aufgenommenen Prinzipien geprägt sein, die aber kein einheitliches System darstellen würden und auch keineswegs einheitlich seien[57]).

Die wirtschaftsverfassungsrechtliche Neutralität des GG wird auch vom BVerfG betont, wenn es im Investitionshilfeurteil[58]) ausführt, die wirtschaftspolitische Neutralität des GG bestehe darin, daß sich der Verfassungsgeber nicht ausdrücklich für ein bestimmtes Wirtschaftssystem entschieden habe. Dieser Umstand ermögliche es dem Gesetzgeber, die ihm jeweils sachgemäß erscheinende Wirtschaftspolitik zu verfolgen, sofern er dabei das GG beachte. Diese Ansicht hat das BVerfG auch in späteren Entscheidungen bestätigt[59]).

---

[53]) FN. 51, S. 205.

[54]) Vgl. dazu besonders Hans Klein (FN. 45), S. 116 ff.

[55]) So vor allem Scheuner: Die staatlichen Interventionen im Bereich der Wirtschaft, in VVDStRL 11 (1954), S.1 (19); Ehmke: Wirtschaft und Verfassung, 1961, S. 16; Hans Klein (FN. 45), S. 118; vgl. auch Ballerstedt (FN. 52), S. 49; Herbert Krüger: Staatsverfassung und Wirtschaftsverfassung, in DVBl. 1961, S. 361 ff.

[56]) Ebd. S. 19 f.

[57]) Vgl. auch Ipsen: Öffentliche Subventionierung Privater, in DVBl. 1956, S. 461 (463), der von einer eigentümlichen wertneutralen, aber grenzbestimmten Wirtschaftsverfassungsentscheidung des GG spricht.

[58]) BVerfGE 4, 7 (17 f.).

[59]) BVerfGE 7, 377 (400); 12, 354 (363).

Ist somit aus dem GG selbst eine Entscheidung für eine bestimmte Wirtschaftsordnung nicht ersichtlich, so läßt sich damit eine grundsätzliche Unzulässigkeit erwerbswirtschaftlicher Betätigung der öffentlichen Hand nach dem GG nicht begründen[60]. Demgemäß ist auch die Rechtsprechung des BGH davon ausgegangen, daß aus dem GG ein grundsätzliches Verbot erwerbswirtschaftlicher Betätigung der öffentlichen Hand nicht abgeleitet werden kann[61].

Ein solches Verbot kann auch nicht auf § 67 DGO sowie die entsprechenden Bestimmungen der GOen der Bundesländer gestützt werden, die besagen, daß die Gemeinden wirtschaftliche Unternehmungen nur errichten und erweitern dürfen, wenn der öffentliche Zweck das jeweilige Unternehmen rechtfertigt und der Zweck nicht besser und wirtschaftlicher durch einen anderen erfüllt werden kann. Dieses kann zwar nicht schon ohne weiteres damit begründet werden, daß es sich bei jenen Bestimmungen „in erster Linie nicht um Vorschriften gegen einen Wettbewerb der öffentlichen Hand, sondern um Schutzvorschriften für das Gemeindevermögen" handele, mit denen verhindert werden solle, daß sich die Gemeinden in riskante und ruinöse Wirtschaftsbetätigungen einlassen[62]. Denn immerhin ist doch damit anerkannt, daß sich — soweit die wirtschaftliche Betätigung in den Gemeinden Beschränkungen der vorgenannten Art unterworfen ist — diese Beschränkungen jedenfalls auch auf den Schutz der Privatwirtschaft vor der Konkurrenz öffentlicher Unternehmungen beziehen[63].

Indessen können diese spezifisch gemeinderechtlichen Beschränkungen nicht als Ausdruck eines allgemeinen, auch für das privatwirtschaftliche Verhalten von Bund und Ländern verbindlichen Rechtsgrundsatzes angesehen werden. Letzteres schon deshalb nicht, weil dieser vermeintlich allgemeine Rechtsgrundsatz nicht einmal innerhalb der GOen der Bundesländer einheitlich verwirklicht ist, da §§ 85 BadWürtt. GO, 98 Hess. GO und 82 Schl.-Holst. GO Beschränkungen im Umfang der vorgenannten Art für eine erwerbswirtschaftliche Betätigung der Gemeinden überhaupt nicht enthalten. In diesen Be-

---

[60]) Vgl. Hans Schneider: Werbung im Rundfunk, 1965, S. 18.

[61]) BGH in GRUR 1959, S. 244 (246) mit zustimmender Anmerkung von Droste ebd. S. 247 f.; BGH in DVBl. 1964, S. 475 (477); vgl. auch BVerwG in NJW 1964, S. 2075 ff.

[62]) So Hans Schneider (FN. 60), S. 22, und Seeger (FN. 7), S. 256 unter Hinweis auf die amtliche Begründung zu § 67 DGO vom 30. Januar 1935 — RAnz. Nr. 25 bis 28.

[63]) Vgl. Lüerssen/Neuffer: Niedersächsische Gemeindeordnung, 1970, § 89 Anm. 1; v. Loebell: Gemeindeordnung für das Land NRW, 2. Aufl. 1970, § 69 Anm. 1; Hölz: Gemeindeordnung für den Freistaat Bayern, 5. Aufl. 1968, Art. 75 Anm. 2 b cc; BGH in DVBl. 1962, S. 102 (104).

stimmungen ist nämlich nur gesagt, daß der öffentliche Zweck das jeweilige wirtschaftliche Unternehmen der Gemeinde rechtfertigen und das Unternehmen nach Art und Umfang in einem angemessenen Verhältnis zur Leistungsfähigkeit der Gemeinde und zum voraussichtlichen Bedarf stehen muß.

Entscheidend aber dürfte darüber hinaus, abgesehen von den besonderen Intentionen, die seinerzeit mit § 67 DGO verfolgt wurden[64]), vor allem sein, daß diese Vorschriften wie auch die entsprechenden Bestimmungen in den GOen der Bundesländer, soweit sie zugleich den Schutz der Privatwirtschaft gegen eine Konkurrenz der öffentlichen Hand bezwecken, dabei die Besonderheiten im Bereich kommunaler Wirtschaftsbetätigung im Auge haben. Daß dieses so ist, erscheint, wie Hans *Klein* überzeugend darlegt, deshalb begründet, „weil die Gefährdung des dem einzelnen zur Entfaltung seiner ökonomischen Initiative zur Verfügung stehenden Spielraums desto intensiver wird, je zahlreicher die räumlichen Berührungspunkte mit der konkurrierenden öffentlichen Hand sind und je größere Ähnlichkeit Art und Weise des beiderseitigen Betätigungsfeldes miteinander haben. Insofern ist es einleuchtend, daß etwa der Betrieb kommunaler Hotels und Gastwirtschaften, Bäckereien, Wäschereien usw. für den einzelnen Bürger empfindlichere Folgen haben kann als z. B. die staatliche Beteiligung an einem Stahl- oder Bergwerk"[65]). Aus dieser Sicht bestehen also nicht unbeachtliche Unterschiede zwischen den Folgen staatlicher und kommunaler erwerbswirtschaftlicher Betätigung. Und demgemäß hat es auch die überwiegende Meinung im Schrifttum abgelehnt, § 67 DGO als Ausdruck eines allgemeinen auch Bund und Länder bindenden Rechtsgedankens anzusehen und daraus die prinzipielle Unzulässigkeit selbständiger fiskalischer Tätigkeit der öffentlichen Hand herzuleiten[66]).

Daß von einer solchen prinzipiellen Unzulässigkeit erwerbswirtschaftlicher Betätigung der öffentlichen Hand nicht ausgegangen werden kann, ergibt sich schließlich auch aus § 48 RHO, die nach § 1 Abs. 1 des Gesetzes vom 7. Juni 1950 (BGBl. I, S. 199) auch für die Haushaltsführung des Bundes gilt und auch für die Länder verbind-

---

[64]) Dazu Leisner (FN. 17), S. 173 f.

[65]) Hans Klein (FN. 45), S. 178.

[66]) Vgl. außer den bereits Genannten Forsthoff: Lehrbuch des Verwaltungsrechts, 9. Aufl. 1966, S. 485 f., Zeidler: Schranken nichthoheitlicher Verwaltung, in VVDStRL 19 (1961), S. 208 (214); Scheuner ebd. S. 245 f.; Schricker (FN. 5), S. 95; H. J. Wolff in Archiv für Kommunalwissenschaft 1963, S. 152 Anm. 7; Maunz: Gesetzmäßigkeit des Fernsehwerbens, in BayVBl. 1957, S. 4 (8;

lich ist[67]). Diese Vorschrift besagt, daß sich Bund und Länder an der Gründung eines Unternehmens, das einen gewerblichen oder sonstigen wirtschaftlichen Betrieb von erheblichem Umfang zum Gegenstand hat, grundsätzlich nur beteiligen sollen, wenn für das Unternehmen die Form einer AG, einer KGaA oder einer GmbH, deren Satzung einen Aufsichtsrat vorsieht, gewählt wird. In entsprechender Weise bestimmt § 60 Abs. 2 der gleichfalls fortgeltenden[68]) Wirtschaftsbestimmungen für die Reichsbehörden vom 11. Februar 1929, daß die Beteiligung des Staates an wirtschaftlichen Unternehmen nur zulässig ist, wenn ein wichtiges Interesse des Staates vorliegt, die Inanspruchnahme der staatlichen Mittel nicht zu einem Nachteil für den Staat führt und sich das angestrebte Ziel nur durch eine solche Betätigung erreichen läßt. Die in beiden Vorschriften angeführten Beschränkungen dienen dabei ersichtlich ausschließlich dem Schutz der öffentlichen Hand, nicht hingegen dem der Privatwirtschaft[69]) und lassen somit erkennen, daß das Subsidiaritätsprinzip nicht als gültiger Maßstab für eine erwerbswirtschaftliche Betätigung der öffentlichen Hand angesehen werden kann.

Daß dieses nicht möglich ist, ergibt sich nicht zuletzt auch daraus, daß der Gesetzgeber, dem ja nach dem oben Gesagten nach dem GG die wirtschaftsverfassungsrechtliche Entscheidungsfreiheit überlassen ist, gehalten gewesen wäre, die Subsidiarität staatlicher erwerbswirtschaftlicher Betätigung ausdrücklich zu normieren, wenn er sicherstellen wollte, daß der Privatwirtschaft insoweit ein grundsätzlicher Vorrang gebühre. Eine generelle Normierung dieser Art für die wirtschaftliche Betätigung von Bund und Ländern fehlt jedoch. Abgesehen von den vorgenannten Vorschriften der GOen der Bundesländer finden sich nur wenige Spezialbereiche öffentlicher Verwaltung, in denen die wirtschaftliche Betätigung der öffentlichen Hand einer gesetzlichen Regelung unterworfen ist. U. a. ist hier § 18 Abs. 2 des Gesetzes über den gewerblichen Binnenschiffsverkehr vom 1. Oktober 1953 (BGBl. I, S. 1453) zu nennen, in dem sich ein ausdrückliches Verbot erwerbswirtschaftlicher Tätigkeit durch die Schifferbetriebsverbände findet[70]).

Zwar hat dem 2. Bundestag ein Gesetzentwurf der FDP-Fraktion vorgelegen, der eine generelle Normierung für die wirtschaftliche

---

[67]) Vgl. Vialon: Öffentliche Finanzwirtschaft, 1956, S. 74.

[68]) Ebd.

[69]) Vgl. Hans Schneider (FN. 60), S. 22.

[70]) Im Hinblick auf einen weiteren Fall eines solchen ausdrücklichen Verbots erwerbswirtschaftlicher Betätigung der öffentlichen Hand vgl. BGH in NJW 1956, S. 746 ff. Dazu unter A. II 1 b.

Betätigung der öffentlichen Hand enthielt und dabei ein dem § 67 DGO entsprechendes Subsidiaritätsprinzip zugrundelegte. Dieser Entwurf ist jedoch nicht zum Gesetz erhoben worden[71]). Auch daraus mag entnommen werden, daß der Gesetzgeber der erwerbswirtschaftlichen Betätigung der öffentlichen Hand eben gerade nicht so weitgehende Beschränkungen auferlegen wollte.

b) nach Rundfunkrecht (Überschreiten des öffentlich-rechtlichen Wirkungskreises)

Ist nach den im Vorhergehenden angestellten Überlegungen eine Betätigung der Rundfunkanstalten auf dem Kassettenmarkt nicht bereits aus wirtschaftsverfassungsrechtlichen Gründen unzulässig, so könnte sich die Unzulässigkeit einer solchen selbständigen fiskalischen Tätigkeit doch aus rundfunkrechtlichen Gründen ergeben.

Nun enthalten zwar weder die geltenden Rundfunkgesetze noch die Satzungen der Rundfunkanstalten Vorschriften, aus denen die Unzulässigkeit einer selbständigen fiskalischen Tätigkeit der Rundfunkanstalten unmittelbar hergeleitet werden kann. Denn in den Rundfunkgesetzen wird zunächst nur der öffentlich-rechtliche Funktionsbereich der Rundfunkanstalten festgelegt, mithin bestimmt, was die Rundfunkanstalten zulässigerweise tun dürfen. Daraus kann indessen noch nicht geschlossen werden, daß jede, auch eine der öffentlich-rechtlichen Funktion der Rundfunkanstalten gegenüber neutrale Betätigung derselben, die den Funktionsbereich überschreitet, unzulässig ist. Eine dahingehende Bestimmung kann insbesondere auch nicht aus Art. 2 Abs. 2 der Satzung des Südwestfunks[72]) entnommen werden. Denn auch diese Vorschrift umschreibt dadurch, daß sie sagt, ausschließlicher Zweck des Südwestfunks sei die alleinige Rundfunkversorgung im Sendegebiet, nur die öffentlich-rechtliche Funktion des Südwestfunks. Aus ihr allein läßt sich deshalb schwerlich die Unzulässigkeit selbständiger fiskalischer Tätigkeit des Südwestfunks herleiten[73]).

Ein Verbot der Betätigung der Rundfunkanstalten auf dem Kassettenmarkt könnte aber daraus folgen, daß die Rundfunkanstalten durch

---

[71]) Vgl. Hans Schneider (FN. 60), S. 23. Hinsichtlich eines entsprechenden Entwurfs der CDU, FDP und des Zentrums im Landtag von NRW (Landtagsdrucksache Bd. I, Wahlperiode 2, Nr. 176) vgl. Nipperdey: Gewerbefreiheit der öffentlichen Hand?, in BB 1951, S. 593 (593).

[72]) Entsprechende Vorschriften finden sich übrigens nicht in den Satzungen der übrigen Rundfunkanstalten.

[73]) Vgl. Hans Schneider (FN. 60), S. 24 f.

diese Tätigkeit ihren öffentlich-rechtlichen Wirkungskreis in einer ihrer öffentlich-rechtlichen Funktion zuwiderlaufenden Weise überschreiten.

Die Frage der Unzulässigkeit einer Überschreitung des öffentlich-rechtlichen Wirkungskreises durch erwerbswirtschaftliche Betätigung ist vom BGH in einer Entscheidung behandelt worden, die die erwerbswirtschaftliche Betätigung eines mit öffentlichen Lenkungsaufgaben im Bereich der Fischwirtschaft betrauten Verbandes betraf, in dessen Satzung ausdrücklich das Verbot erwerbswirtschaftlicher Betätigung des Verbandes enthalten war[74]). Eine Rechtfertigung dieses Verbots sieht der BGH in der Gefahr, daß die diesem Verband übertragenen Lenkungsaufgaben durch eine erwerbswirtschaftliche Betätigung desselben in unsachlicher Weise mit eigenwirtschaftlichen Interessen und Erwägungen des Verbandes verquickt werden konnten, und zwar einerseits dadurch, daß die Möglichkeit bestand, hoheitliche Befugnisse zum Vorteil dieser eigenwirtschaftlichen Betätigung mißbräuchlich auszunutzen und andererseits dadurch, daß etwa eigenwirtschaftliche Überlegungen die Durchführung der Lenkungsaufgaben behinderten.

Will man diese Erwägungen des BGH als Ausdruck eines allgemeinen öffentlich-rechtlichen Rechtsgrundsatzes verstehen, so darf gesagt werden, daß eine selbständige fiskalische Tätigkeit der öffentlichen Hand jedenfalls immer dann unzulässig ist, wenn eine Interessenkollision im vorerwähnten Sinne vorliegt, d. h. wenn die jeweilige erwerbswirtschaftliche Betätigung der öffentlich-rechtlichen Funktion zuwiderläuft. Eine dahingehende Vermutung ist nach Auffassung des BGH in Fällen, die mit dem von ihm entschiedenen vergleichbar sind, ersichtlich immer begründet.

Von einer solchen Vermutung ist auch im Hinblick auf die erwerbswirtschaftliche Betätigung der Rundfunkanstalten auf dem Kassettenmarkt auszugehen, da — wie oben dargelegt — durch eine solche Betätigung der Rundfunkanstalten deren Programmgestaltung von Marktgesichtpunkten abhängig würde, was dem Grundsatz der Freiheit der Programmgestaltung zuwiderliefe.

Dieser Vermutung könnte nur dadurch begegnet werden, daß im Wege detaillierter Gesetzgebung sichergestellt würde, daß der Grund-

---

[74]) BGH in NJW 1956, S. 746 ff.; vgl. auch Ernst-Werner F u s s : Die Überschreitung des Wirkungskreises juristischer Personen des öffentlichen Rechts, in DÖV 1956, S. 566 ff. mit weiteren Nachweisen.

satz der Programmfreiheit der Rundfunkanstalten nicht durch deren Betätigung auf dem Kassettenmarkt beeinträchtigt werden kann. Solange dieses nicht geschehen ist, muß mithin eine Betätigung der Rundfunkanstalten auf dem Kassettenmarkt als unzulässig angesehen werden.

Damit ist indessen schon die Verbindung der vorgenannten Problematik mit der weiteren Frage angedeutet, ob nicht überhaupt jegliche selbständige fiskalische Tätigkeit der öffentlichen Hand dem Vorbehalt des Gesetzes unterliegt.

2. Das Fehlen einer Legitimationsgrundlage

Träfe dieses nämlich zu, so wäre die Betätigung der Rundfunkanstalten auf dem Kassettenmarkt bei Fehlen einer entprechenden Legitimationsgrundlage auch unter diesem Gesichtspunkt als unzulässig anzusehen. Eine dahingehende Annahme liegt nahe, weil sich eine Ermächtigungsgrundlage aus den Rundfunkgesetzen und auch aus den Satzungen der Rundfunkanstalten, soweit man Satzungsvorschriften überhaupt als Ermächtigungsgrundlage genügen lassen will, nicht ergibt. Sowohl die Rundfunkgesetze als auch die Satzungen der Rundfunkanstalten regeln, wie bereits oben angedeutet, nur die öffentlichrechtliche Funktion, nicht hingegen die Zulässigkeit erwerbswirtschaftlicher Betätigung der Rundfunkanstalten. Deshalb kann eine Ermächtigungsgrundlage weder in einer Vorschrift wie der des § 33 Abs. 1 Saarl. RfG über die Beteiligung des Saarländischen Rundfunks an wirtschaftlichen Unternehmen gesehen werden, noch in den Vorschriften der §§ 14 Abs. 1 Ziff. b des STV-Nordd.Rf., Art. 21 Abs. 2 Ziff. b der Satzung des Saarl.Rf., § 7 Abs. 6 Ziff. b der Satzung des Südd.Rf., Art. 27 Abs. 1 Ziff. b der Satzung des SWF, § 21 Abs. 2 Ziff. b WDR-G, die den Erwerb und die Veräußerung von Beteiligungen der Rundfunkanstalten von der Zustimmung des Verwaltungsrates abhängig machen. Zwar setzen alle diese Vorschriften offensichtlich die Möglichkeit von Beteiligungen der Rundfunkanstalten an wirtschaftlichen Unternehmen voraus. Doch ändert dieses nichts daran, daß diese Vorschriften eben nur haushaltswirtschaftliche Zwecke verfolgen und insoweit dem Schutz der Rundfunkanstalten dienen, hingegen nichts über die Zulässigkeit erwerbswirtschaftlicher Betätigung der Rundfunkanstalten aussagen wollen. Im übrigen enthalten sie auch keine detailliertere tatbestandliche Normierung, wie sie für das Vorliegen einer Ermächtigungsgrundlage doch stets vorauszusetzen ist.

a) Gewerbefreiheit der öffentlichen Hand als Ermächtigungsgrundlage?

Eine Ermächtigungsgrundlage kann auch nicht aus Art. 2 Abs. 1 und Art. 12 Abs. 1 GG hergeleitet werden. Dabei kommt es nicht darauf an, ob die Rundfunkanstalten als juristische Personen des öffentlichen Rechts gem. Art. 19 Abs. 3 GG überhaupt eine grundrechtliche Gewerbefreiheit für sich in Anspruch nehmen können[75]). Entscheidend ist allein, ob sich juristische Personen des öffentlichen Rechts mit der Maßgabe auf das Grundrecht der Gewerbefreiheit berufen können, daß ihnen dieses Grundrecht als Ermächtigungsgrundlage für eine selbständige fiskalische Betätigung dient. Stellt man die Frage so, dann wird deutlich, daß man sie schwerlich bejahen kann. Denn Grundrechte sind in erster Linie Abwehrrechte. „Infolgedessen ist ein Grundrecht immer dann ‚seinem Wesen nach' auf eine juristische Person anwendbar (wie es Art. 19 Abs. 3 GG voraussetzt), wenn diese Person eben jener Ausübung von Staatsgewalt ausgesetzt ist, der das betreffende Grundrecht Schranken zieht"[76]). Im vorliegenden Fall befinden sich aber die Rundfunkanstalten keineswegs in einer Abwehrsituation. Vielmehr ist ihre hier in Rede stehende selbständige fiskalische Betätigung gerade umgekehrt unter dem Gesichtspunkt zu prüfen, ob sie sich als Beeinträchtigung von Rechtspositionen der Privatwirtschaft darstellt. Vor allem unter dem rechtstatsächlichen Gesichtspunkt, daß die besondere politische und wirtschaftliche Macht des Staates überall dort spürbar wird, wo er sich betätigt, ist die Frage zu erörtern, ob nicht die gesamte Tätigkeit des Staates, also auch dessen selbständige fiskalische Betätigung, dem Vorbehalt des Gesetzes unterliegt. Angesichts dieser Frage würde es geradezu eine Verdrehung des Inhalts des Grundrechts der Gewerbefreiheit bedeuten, wenn man den Art. 2 Abs. 1 und 12 Abs. 1 GG eine Ermächti-

---

[75]) Ablehnend: Bachof: Freiheit des Berufs, in Bettermann/Nipperdey: Die Grundrechte Bd. III, 1 (1958), S. 155 (180); Maunz/Dürig/Herzog (FN. 48), Art. 19 Abs. 3, Nr. 29 ff.; Nipperdey (FN. 71), S. 593 f.; Hamann/Lenz: Grundgesetz, 3. Aufl. 1970, Art. 19 Anm. 9; Hamann (FN. 6), S. 73; ders.: Wirtschaftswerbung in Rundfunk und Fernsehen, NJW 1957, S. 1422 (1423); Günter Brenner: Gelten die Grundrechte auch für die wirtschaftliche Betätigung der öffentlichen Hand?, in BB 1962, S. 727 (728 ff.); BVerfGE 21, 362 (369 ff.); vgl. auch Ernst-Werner Fuss: Grundrechtsgeltung für Hoheitsträger?, in DVBl. 1958, S. 739 (740); befürwortend: Bettermann: Gewerbefreiheit der öffentlichen Hand, in Berliner Festschrift für Ernst E. Hirsch, 1968, S. 1 (3 ff.); Werner Jacobi: Keine Gewerbefreiheit der öffentlichen Hand?, in BB 1951, S. 764 ff.; BVerwG in DÖV 1959, S. 61 (62); vgl. auch BVerfGE 6, 45 (49 f.); 15, 256 (262).

[76]) So richtig Bettermann (FN. 75), S. 8; vgl. auch BVerfGE 6, 45 (50); 15, 256 (262); Püttner (FN. 39), S. 149; Stern/Püttner: Die Gemeindewirtschaft, 1965, S. 137.

gungsgrundlage für die selbständige fiskalische Staatstätigkeit entnehmen wollte.

b) Die Notwendigkeit einer gesetzlichen Ermächtigungsgrundlage

Kann somit eine Legitimation für die Betätigung der Rundfunkanstalten auf dem Kassettenmarkt weder aus den Rundfunkgesetzen noch aus der Verfassung entnommen werden[77]), so ist nunmehr zu erörtern, ob für eine selbständige fiskalische Betätigung der Rundfunkanstalten eine gesetzliche Legitimationsgrundlage erforderlich ist.

Die Frage, in welchem Umfang staatliche Tätigkeit dem sog. Vorbehalt des Gesetzes unterliegt, ist umstritten. Der früher herrschenden Auffassung, nach der sich der Vorbehalt des Gesetzes nur auf die in Freiheit und Eigentum des Bürgers eingreifende Verwaltung bezieht, ist in den letzten Jahren unter Berufung auf das Rechtsstaats- und Demokratieprinzip entgegengehalten worden, „unter der Verfassungsordnung des Grundgesetzes" habe die Exekutive „ihre frühere Handlungsfreiheit... verloren". Sie sei nicht mehr „nur konstitutionell beschränkt", sondern empfange „alle ihre Befugnisse erst aus der Verfassung". Sie sei somit „echte vollziehende Gewalt geworden und damit für alle Handlungsformen abhängig von einer parlamentarischen Ermächtigung, sofern ihr die Verfassung nicht selbst eine ausreichende Kompetenz" zuweise[78]). Das aber legt die weitere Folgerung nahe, daß nicht nur der Bereich der sog. Leistungsverwaltung, sondern auch die gesamte fiskalische Staatstätigkeit dem Vorbehalt des Gesetzes unterliegt[79]).

Entgegen dieser neueren Auffassung haben indessen ein großer Teil der Lehre und nahezu die gesamte Rechtsprechung weitgehend an der überkommenen Lehre festgehalten und wollen demgemäß den Vorbehalt des Gesetzes im wesentlichen auf den Bereich der Eingriffsverwaltung beschränken oder eine Ausdehnung über den Be-

---

[77]) Dazu, daß als Ermächtigungsgrundlage auch nicht Art. 3 Abs. 1 GG in Betracht kommt, vgl. Hamann (FN. 75), S. 1423; Ehrensberger: Verfassungsrechtliche Fragen im Grenzgebiet zwischen kommunaler Selbstverwaltung und freier Wirtschaft, in DÖV 1956, S. 129 (132 f.).

[78]) Jesch: Gesetz und Verwaltung, 2. Aufl. 1962, S. 205; ähnlich H. H. Rupp: Grundfragen der heutigen Verwaltungsrechtslehre, 1965, S. 113 ff., 116 ff.; vgl. auch Franz Mayer: Das verfassungsrechtliche Gebot der gesetzlichen Ermächtigung, in Festschrift Nottarp, 1961, S. 187, 193 ff.; Imboden: Das Gesetz als Garantie rechtsstaatlicher Verwaltung, 1962, S. 18 ff.

[79]) So auch OLG München in NJW 1958, S. 1298 (1300); Hamann (FN. 75), S. 1423; ders.: (FN. 6), S. 74; Hamann/Lenz (FN. 75), Art. 20 Anm. 9 a aa.

reich hoheitlicher Verwaltung hinaus nur unter bestimmten Voraussetzungen befürworten[80]).

Die Ansicht, alle Tätigkeit der Exekutive unterliege dem Vorbehalt des Gesetzes, läßt sich zwar nicht aus Art. 20 Abs. 3 GG begründen. Denn diese Vorschrift besagt nur, daß die vollziehende Gewalt an Gesetz und Recht gebunden ist. Und das heißt nicht mehr, als daß Maßnahmen der Exekutive nicht dem Gesetz und der Verfassung widersprechen dürfen, daß also die Exekutive dem Vorrang des Gesetzes und dem Vorrang der Verfassung unterliegt, nicht hingegen, daß die Exekutive positiv einer gesetzlichen Ermächtigung für ihr Tun bedarf[81]). Jedoch wird man sagen können, daß die den Vorbehalt des Gesetzes über den Bereich der Eingriffsverwaltung hinaus ausdehnende Lehre mehr der „Verfassungsstruktur"[82]) des GG entspricht als die überkommene Lehre, die den Vorbehalt des Gesetzes auf Akte der Eingriffsverwaltung beschränken will.

Allerdings heißt das noch nicht, daß die Verwaltung in Ansehung all ihrer Tätigkeiten ausschließlich vollziehende Gewalt ist. Dieses kann auch aus der in Art. 20 Abs. 3 GG benutzten Wendung „vollziehende Gewalt" nicht geschlossen werden. Zutreffend hingegen ist, daß die frühere bloße Gewaltentrennung zwischen monarchischer Exekutive und Parlament im modernen Rechtsstaat weitgehend durch eine „Funktionsaufteilung zwischen der Volksvertretung als oberstem Staatsorgan und der von ihr gebildeten Regierung und der Verwaltung" ergänzt ist[83]). Und diese Funktionsaufteilung bedeutet in der Tat, daß Exekutive und Verwaltung jedenfalls im Prinzip als vollziehende Gewalt konzipiert sind[84]). Zwar bleibt der Exekutive stets ein Raum, in dem sie, wenn auch nicht rechtsfrei, sondern rechtsgebunden, dennoch aber ohne jeweils besondere gesetzliche Grundlage rechtsgestaltend tätig wird und tätig werden muß[85]). Wäre ihr

---

[80]) So insbesondere Hans Peters: Verwaltung ohne gesetzliche Ermächtigung, in Festschrift Hans Huber, 1961, S. 206 (210 ff.); ders.: Die Verwaltung als eigenständige Gewalt, 1965, S. 15 f.; Ernst Wolfgang Böckenförde: Die Organisationsgewalt der Regierung, 1964, S. 89 ff.; H. J. Wolff, Verwaltungsrecht Bd. I, 8. Aufl. 1971, S. 169; Ule in Evangelisches Staatslexikon, S. 654; BVerfGE 8, 155 (165—169); BVerwGE 6, 282 (287); vgl. auch BVerfGE 12, 205 (246).

[81]) So Jesch (FN. 78), S. 190; Maunz in Maunz/Dürig/Herzog (FN. 48), Art. 20 Nr. 128; aA. offenbar BVerwGE 4, 111 (114).

[82]) Siehe Jesch (FN. 78), S. 171 ff.

[83]) So Püttner (FN. 39), S. 193. Ganz in diesem Sinne meint denn auch Franz Mayer (FN. 78), S. 193, daß das Prinzip der Gesetzmäßigkeit der Verwaltung insoweit ein Ausfluß, eine unmittelbare Folge des Gewaltenteilungsprinzips ist.

[84]) Vgl. Püttner ebd. unter Hinweis auf Jesch (FN. 78), S. 172.

[85]) Vgl. Mallmann: Schranken nichthoheitlicher Verwaltung, in VVDStRL 19 (1961), S. 165 (188); ferner die zahlreichen Beispiele bei Hans Peters: Verwaltung ohne gesetzliche Ermächtigung (FN. 80), S. 218 f.

solches versagt, so würde das allerdings zu einer wesentlichen „Verschiebung in der hergebrachten Gewaltenteilung"[86]) führen, die schwerlich zu rechtfertigen wäre. Doch läßt andererseits die hier erwähnte Funktionsaufteilung zwischen Exekutive und Legislative zugleich die Notwendigkeit erkennen, jenen Freiraum der Verwaltung gegen den Zuständigkeitsbereich der Legislative abzugrenzen. Dabei ist der Primat der Gesetzgebung[87]) um so mehr zu betonen, als es sich um Entscheidungen handelt, deren Bedeutung wegen der mit ihnen verbundenen Folgen für die gesamte Rechtsentwicklung weit über die konkrete Problemlage hinausragt. Dieses aber gilt insbesondere für die erwerbswirtschaftliche Betätigung der öffentlichen Hand, die heute schon der bedeutendste Wirtschaftsunternehmer in der BRD ist und deren Beteiligungsvermögen jährlich in nicht unerheblichem Umfange weiter zunimmt[88]). Diese Umstände, die bisweilen als Anzeichen einer „kalten Sozialisierung" gewertet werden, zeigen nur zu deutlich, welche Bedeutung einer erwerbswirtschaftlichen Betätigung der öffentlichen Hand gerade auch in gänzlich neu entstehenden Wirtschaftszweigen zukommt. Die dadurch bedingte allmähliche Veränderung der Gesamtstruktur unserer Wirtschaftsverfassung, die ja schließlich zu einem nahezu vollständigen Staatskapitalismus führen und somit möglicherweise die grundrechtlich geschützte Wettbewerbsfreiheit der privaten Unternehmer faktisch beseitigen könnte, kann deshalb schwerlich zur alleinigen Disposition der Verwaltung gestellt werden. Vielmehr muß es der Gesetzgebung vorbehalten bleiben, die wirtschaftliche Betätigung des Staates einer zumindest leitlinienhaften Normierung zu unterwerfen, um auf diese Weise ein Obsoletwerden der privaten Wettbewerbsfreiheit zu verhindern. Dieses nicht zuletzt auch deshalb, weil ja die wirtschaftsverfassungsrechtliche Neutralität des GG gerade auch unter Hinweis darauf vertreten wird, daß es nach dem GG dem Gesetzgeber überlassen bleibe, die ihm jeweils sachgemäß erscheinende Wirtschaftspolitik zu verfolgen. Wenn sich das Verhalten des Gesetzgebers auch weitgehend nach Zweckmäßigkeitsgesichtspunkten bestimmt, so ist er dennoch gehindert, der jeweiligen faktischen Entwicklung der Wirtschaftsverfassung vollkommen freien Lauf zu lassen, wenn diese Entwicklung Anzeichen dafür erkennen läßt, daß die Wettbewerbsfreiheit der privaten Unternehmen, zu deren Schutz dem Staat in der Verfassung

---

[86]) Hans Peters ebd. S. 214.

[87]) Vgl. Franz Mayer (FN. 78), S. 192.

[88]) Nachweise bei Günter Brenner (FN. 75), S. 727.

Schranken gesetzt sind, durch den Staat faktisch aufgehoben werden könnte[89]).

Folgt man diesen Überlegungen, so unterliegt jede selbständige fiskalische Tätigkeit der öffentlichen Hand mit Rücksicht auf ihre vorerwähnten wirtschaftsverfassungsrechtlichen Folgen grundsätzlich dem Vorbehalt des Gesetzes.

Nun hat allerdings das OLG München[90]) mit Recht darauf hingewiesen, daß mit Rücksicht darauf, daß sich die Auffassung von der Notwendigkeit einer solchen gesetzlichen Grundlage der erwerbswirtschaftlichen Tätigkeit der öffentlichen Hand erst in neuerer Zeit gebildet hat, bei der Auslegung älterer Gesetze und Satzungen aus dem Fehlen ausdrücklicher Bestimmungen die Unzulässigkeit einer selbständigen fiskalischen Tätigkeit der öffentlichen Hand jedenfalls dann nicht gefolgert werden dürfe, wenn die jeweiligen Erwerbstätigkeiten der Körperschaften des öffentlichen Rechts bis dahin allgemein üblich waren oder als selbstverständlich gegolten haben. Es mag deshalb auch als vertretbar angesehen werden, wenn das OLG München das Vorliegen dieser Voraussetzungen auch für den Bereich des Werbefernsehens bejaht. Indessen kann Entsprechendes schwerlich für den Kassettenmarkt gelten. Denn hierbei handelt es sich um einen gänzlich neuen Wirtschaftszweig, zudem um eine erwerbswirtschaftliche Tätigkeit, die, wie oben dargelegt, von der öffentlich-rechtlichen Funktion der Rundfunkanstalten nicht mehr gedeckt ist. Ganz in diesem Sinne hat denn auch H. H. *Rupp*[91]), wenn auch mit anders akzentuierter Begründung, das Fehlen einer Ermächtigungsgrundlage für den Bereich des Kreditgeschäftes durch die Deutsche Bundespost betont.

Unterliegt nach allem die Betätigung der Rundfunkanstalten auf dem Kassettenmarkt dem Vorbehalt des Gesetzes, so muß sie auch angesichts fehlender gesetzlicher Ermächtigung als unzulässig angesehen werden.

---

[89]) Vgl. in diesem Zusammenhang Scheuner: Die Aufgabe der Gesetzgebung in unserer Zeit, in DÖV 1960, S. 601 (605 f., 609 f.).

[90]) NJW 1958, S. 1298 (1300 f.) = UFITA Bd. 29 (1959) S. 252 (257).

[91]) Verfassungsrechtliche Aspekte der Postgebühr und des Wettbewerbs der Deutschen Bundespost mit den Kreditinstituten, 1971, S. 26 ff.

[92]) Vgl. dazu H. P. Ipsen: Rechtsfragen zur Ausgliederung des Werbefernsehens, in NJW 1963, S. 2102 ff.

B. Die Betätigung der Rundfunkanstalten auf dem Kassettenmarkt durch abhängige Gesellschaften oder durch Beteiligung an gemischtwirtschaftlichen Unternehmen

I. Durch abhängige Gesellschaften

Die im Vorhergehenden festgestellte Unzulässigkeit einer Betätigung der Rundfunkanstalten auf dem Kassettenmarkt wird auch nicht dadurch behoben, daß die Rundfunkanstalten nicht selbst, sondern durch von ihnen abhängige Gesellschaften auf dem Kassettenmarkt tätig werden. Schon bisher gab es eine Vielzahl solcher von den Rundfunkanstalten abhängiger Gesellschaften, denen Aufgaben der Rundfunkanstalten, insbesondere die Beschaffung und Erstellung von Fernsehproduktionen übertragen wurden. Zu nennen sind vor allem Atelierbetriebsgesellschaften und Werbefernsehgesellschaften. Auch für den Bereich des Kassettengeschäfts scheint die Tendenz zu bestehen, die damit verbundenen Aufgaben auf Gesellschaften zu übertragen, die unter dem ausschließlichen oder beherrschenden Einfluß der Rundfunkanstalten stehen. So ist gerade im letzten Jahr in Berlin die „Funk-Verwaltungs- und Vertriebsgesellschaft mbH" ins Leben gerufen worden, an der zu 25% der Sender Freies Berlin und zu 75% die Berliner Werbefunk GmbH, eine Tochtergesellschaft des Senders Freies Berlin, beteiligt sind, und deren Aufgabe vor allem die Verwertung von Archivmaterial sein dürfte. Auch die „Telefilm Saar GmbH", eine Enkelgesellschaft des Saarländischen Rundfunks, hat die Produktion von Kassetten in den Kreis ihrer Aufgaben einbezogen.

Derartige Bestrebungen der Rundfunkanstalten, über Tochter- und Enkelgesellschaften Einfluß auf den Kassettenmarkt zu gewinnen, werden ersichtlich von der Vorstellung begleitet, daß, wenn schon den Rundfunkanstalten selbst eine Betätigung auf dem Kassettenmarkt versagt sein sollte, dieses doch nicht für jene vorerwähnten privatrechtlich organisierten Gesellschaften gelten könne. Dieser Schluß ist indessen unzutreffend. Dabei kommt es nicht darauf an, inwieweit die Rundfunkanstalten überhaupt berechtigt sind, Aufgaben auf privatrechtlich organisierte Gesellschaften zu übertragen[92]). Entscheidend ist vielmehr allein, ob die solchen Gesellschaften überantwortete Tätigkeit, die den Rundfunkanstalten selbst nicht gestattet ist, dadurch zulässig wird, daß ihre Durchführung diesen Gesellschaften obliegt. Dieses ist zu verneinen[93]). Denn es entspricht einem all-

---

[93]) Vgl auch S e e g e r (FN. 7), S. 263 f.

gemein anerkannten Rechtsgrundsatz, daß die öffentliche Hand nicht befugt ist, auf dem Umweg über das Privatrecht etwas zu tun, was ihr sonst zu tun versagt ist.

II. Durch Beteiligung an gemischtwirtschaftlichen Unternehmen

Anders als in den unter B. I. genannten Fällen ist die Frage zu beurteilen, ob sich die Rundfunkanstalten an gemischtwirtschaftlichen, nicht von ihnen beherrschten Unternehmen beteiligen dürfen, um im Zusammenwirken mit den jeweiligen privaten Mitgesellschaftern solcher Unternehmen Koproduktionen zu erstellen, die einerseits als Fernsehproduktionen, andererseits für den privaten Kassettenmarkt verwendet werden können. Dabei sind die Fälle, in denen die Rundfunkanstalten an den Erlösen aus dem Kassettengeschäft partizipieren, von den Fällen zu unterscheiden, in denen die Rundfunkanstalten an diesen Erlösen nicht beteiligt sind.

Was die ersteren betrifft, so ergibt sich die Unzulässigkeit der Beteiligung hier bereits daraus, daß der Zweck einer solchen Beteiligung eine erwerbswirtschaftliche Betätigung ist, die den Rundfunkanstalten nach dem unter A. Ausgeführten versagt ist. Aber auch in den Fällen, in denen die Rundfunkanstalten von den Erlösen aus dem Kassettengeschäft ausgeschlossen sind, kann die Beteiligung der Rundfunkanstalten an gemischtwirtschaftlichen Unternehmen letztlich nicht als zulässig angesehen werden. Denn man kann auch in diesen Fällen die Beteiligung der Rundfunkanstalten nicht allein danach bewerten, daß der Zweck der Beteiligung ausschließlich auf die Erstellung des künstlerischen Grundprodukts[94]), das dann als Fernsehproduktion verwendet werden könne, gerichtet sei, um dann die Beteiligung mit der Begründung, dieselbe diene mithin der Erfüllung von Anstaltsaufgaben, zu rechtfertigen[95]). Mit Recht weist *Seeger*[96]) darauf hin, daß bei derartigen Beteiligungen nicht davon ausgegangen werden kann, daß „die Anstalten damit den Zweck der Fernsehproduktion, ihre privaten Mitgesellschafter dagegen den Zweck der Kassettenproduktion" verfolgen. Denn der Zweck einer jeden Gesellschaft ist stets ein gemeinsamer. Von diesem gemeinsamen Zweck ist deshalb notwendig auch jede Beteiligung der Rundfunkanstalten an gemischtwirtschaftlichen Unternehmen geprägt.

---

94) Vgl. Seeger (FN. 7), S. 264.
95) So Herrmann (FN. 34), S. 20, unter Hinweis auf Ipsen (FN. 92), S. 2108.
96) FN. 7, S. 264.

Das aber heißt, daß die Abhängigkeit vom Kassettenmarkt, von der jede Produktion für den Kassettenmarkt bestimmt ist, sich auch auf die Beteiligung der Rundfunkanstalten und damit auch auf die Gestaltung des Fernsehprogramms auswirken müßte. Der dadurch bedingten Gefahr einer Beeinträchtigung der Programmfreiheit der Rundfunkantalten könnte entsprechend dem bereits oben Dargelegten nur dadurch begegnet werden, daß die Beteiligung der Rundfunkanstalten an gemischtwirtschaftlichen Unternehmen im Wege detaillierter, die Zulässigkeit solcher Beteiligungen regelnder Gesetzgebung an Voraussetzungen geknüpft würde, die die Programmfreiheit der Rundfunkanstalten in hinreichendem Umfang sichern. Solange dieses nicht geschehen ist, das muß auch hier festgestellt werden, sind Beteiligungen der Rundfunkanstalten an gemischtwirtschaftlichen Unternehmen zum Zweck der Koproduktion audio-visueller Programme unzulässig.

Entsprechendes gilt grundsätzlich auch für Koproduktionen, die auf der Grundlage von Einzelverträgen durchgeführt werden, obwohl insoweit, wie *Seeger*[97]) meint, die Gefahr zunehmender Abhängigkeit der Programmgestaltung der Rundfunkanstalten von kommerziellen Erwägungen geringer sein dürfte.

C. Zivilrechtliche Folgerungen

Die im Vorhergehenden dargelegte Unzulässigkeit einer Betätigung der Rundfunkanstalten auf dem Kassettenmarkt begründet die eingangs erwähnten zivilrechtlichen Unterlassungs- und Schadensersatzansprüche nach den §§ 1 UWG, 823 Abs. 2 BGB in Verbindung mit Art. 2 GG, die vor den ordentlichen Gerichten geltend zu machen sind[98]). In diesem Zusammenhang sei nochmals hervorgehoben, daß die hier angestellten Erwägungen zur öffentlich-rechtlichen Unzulässigkeit einer Betätigung der Rundfunkanstalten auf dem Kassettenmarkt nicht zuletzt auch durch wirtschaftsverfassungsrechtliche Gesichtspunkte bestimmt sind. Denn vor allem die hier mehrfach betonte „Sondersituation" des Rundfunks hat, wie oben gezeigt wurde, dazu beigetragen, den Rundfunk dem freien Spiel der Kräfte zu entziehen und den Rundfunkanstalten im Bereich des Funkmediums eine Monopolstellung einzuräumen. Gerade unter diesem Aspekt mußte deshalb eine Ausnutzung dieser Monopolstellung für den Kassettenmarkt wegen der damit verbundenen weitreichenden wirtschaftsver-

---

97) FN. 7, S. 266.
98) Vgl. BGH in JZ 1962, S. 217 ff.; BGH in DVBl. 1965, S. 362 ff.; Schricker (FN. 5), S. 213 ff.

fassungsrechtlichen Konsequenzen als unzulässig angesehen werden, solange nicht für diese erwerbswirtschaftliche Betätigung der Rundfunkanstalten eine gesetzliche Ermächtigungsgrundlage vorliegt. Wenn sich die Rundfunkanstalten über diese Unzulässigkeit, die sich wie gesagt nur auf die Frage bezieht, ob die Rundfunkanstalten insoweit überhaupt am Wettbewerb teilnehmen dürfen, hinwegsetzen, um dadurch Einfluß auf den Kassettenmarkt und zugleich einen Vorsprung gegenüber den privaten Kassettenherstellern zu gewinnen, so handeln sie sittenwidrig im Sinne des § 1 UWG[99]).

Auch die Voraussetzungen des § 823 Abs. 2 BGB sind erfüllt. Dabei wird davon ausgegangen, daß Art. 2 GG, in dem die Wettbewerbsfreiheit statuiert ist, als Schutzgesetz im Sinne des § 823 Abs. 2 BGB anzusehen ist.[100]) Diese Wettbewerbsfreiheit der privaten Kassettenhersteller aber wird, wie oben dargelegt, durch eine Betätigung der Rundfunkanstalten auf dem Kassettenmarkt beeinträchtigt.

D. Ergebnisse in Thesen

1. Die Betätigung der Rundfunkanstalten auf dem Kassettenmarkt überschreitet als selbständige fiskalische Tätigkeit den öffentlich-rechtlichen Funktionsbereich der Rundfunkanstalten. Sie kann insbesondere nicht unter dem Gesichtspunkt einer Randnutzung von Verwaltungsvermögen in den Funktionsbereich der Rundfunkanstalten einbezogen werden.

2. Diese Überschreitung des Funktionsbereichs der Rundfunkanstalten ist unzulässig, da sie der öffentlich-rechtlichen Funktion der Rundfunkanstalten, insbesondere dem Prinzip der Programmfreiheit zuwiderläuft. Dieses gilt jedenfalls solange, bis im Wege detaillierter Gesetzgebung sichergestellt wird, daß das Prinzip der Programmfreiheit der Rundfunkanstalten durch eine Betätigung derselben auf dem Kassettenmarkt nicht beeinträchtigt wird.

3. Eine Betätigung der Rundfunkanstalten auf dem Kassettenmarkt ist darüber hinaus auch deshalb unzulässig, weil eine solche selbständige fiskalische Tätigkeit vor allem auch mit Rücksicht auf ihre weitreichenden wirtschaftsverfassungsrechtlichen Konsequenzen dem Vorbehalt des Gesetzes unterliegt, eine Legitimationsgrundlage aber weder der Verfassung noch den Rundfunkgesetzen entnommen werden kann.

---

[99]) BGH in DVBl. 1965, S. 362 (365).
[100]) Vgl. in diesem Zusammenhang BVerwGE 30, 191 (198).

4. Das Gesagte gilt auch dann, wenn nicht die Rundfunkanstalten selbst, sondern von ihnen abhängige Gesellschaften sich auf dem Kassettenmarkt betätigen.

Auch Beteiligungen an gemischtwirtschaftlichen Unternehmen mit dem Ziel der Koproduktion einerseits für das Fernsehen, andererseits für den Kassettenmarkt, sind den Rundfunkanstalten unabhängig davon, ob diese an den Erlösen aus dem Kassettengeschäft partizipieren oder nicht, versagt, solange nicht im Wege detaillierter Gesetzgebung eine hinreichende Sicherung der Programmfreiheit der Rundfunkanstalten gewährleistet wird.

5. Die privaten Kassettenhersteller können gegen die Betätigung der Rundfunkanstalten bzw. gegen die Betätigung der von den Rundfunkanstalten abhängigen Gesellschaften auf dem Kassettenmarkt Unterlassungs- und Schadensersatzansprüche nach den §§ 1 UWG, 823 Abs. 2 BGB in Verbindung mit Art. 2 GG geltend machen.

Résumé

1. L'intervention des établissements de radiodiffusion-télévision sur le marché des cassettes audio-visuelles, soit par la production de cassettes à partir de leurs propres programmes, soit par la fourniture de leurs archives à des producteurs privés, constitue une activité de nature parafiscale exercée en toute indépendance, qui à ce titre outrepasse les fonctions dévolues à ces établissements de droit public à mission de service public. Ce dépassement ne peut pas en particulier s'analyser comme une utilisation du patrimoine de gestion en marge des fonctions normalement inhérentes à un tel établissement public, mais cependant autorisée du fait que le lien avec la mission de service public subsiste, car l'intervention des offices de RTV sur le marché des cassettes revêt un caractère quasi institutionnel de recherche du profit sans lien avec la mission de service public.

2. Ce dépassement est inadmissible car il est contraire à cette mission de service public, et en particulier au principe de libre établissement des programmes dans la mesure où ceux-ci seraient fixés en fonction des besoins du marché des cassettes; il en est et sera ainsi, tout au moins tant que le respect du principe du libre établissement des programmes même en cas d'intervention des éta-

blissements de RTV sur le marché des cassettes ne sera pas garanti par des dispositions législatives détaillées.

3. L'intervention des établissements de RTV sur le marché des cassettes est en outre inadmissible parce qu'une activité de nature parafiscale exercée en toute indépendance est avant tout soumise au respect du principe de légalité, étant donné les répercussions qu'elle a dans le domaine des libertés publiques économiques; or ni la Loi Fondamentale (GG) ni les lois sur la radio et la télévision ne contiennent de dispositions qui légitimeraient cette activité.

4. Ce qui vient d'être dit est valable aussi bien pour les établissements de radiodiffusion et télévision que pour leurs filiales qui interviennent sur le marché des cassettes. Les participations à des entreprises mixtes de coproduction pour la radiotélévision et pour le marché des cassettes doivent également être interdites aux établissements de RTV — indépendammant du point de savoir si ceux-ci participent ou non aux gains que procure le commerce des cassettes — tant qu'une législation détaillée ne garantira pas suffisamment que les programmes pourront être établis librement.

5. Les producteurs privés de cassettes peuvent intenter contre l'intervention des établissements de RTV ou de leurs filiales sur ce marché des cassettes, des actions en dommages-intérêts et des actions en cessation sur la base du § 1 de la loi sur la concurrence déloyale (UWG) et de l'alinéa 1 du § 823 du Code Civil allemand (BGB) en liaison avec l'article 2 de la Loi Fondamentale. *P.K.V.*

Summary

1. The activities of public broadcasting corporations in the market for audiovisual cassettes are independent business activities which pass beyond the legally defined sphere of functions of the companies. These activities cannot, moreover, be brought into that sphere under the heading of „marginal exploitation of administrative property."

2. This transgression of the competence of broadcasting corporations under public law is legally unacceptable, because it contravenes the public-law function of broadcasting corporations, especially the principle of freedom of program. This is true, at any rate, so long as detailed legislation does not make clear that the principle of program-

ming freedom of the broadcasting corporations is not impaired by activity on the cassette market.

3. Furthermore, the activity of broadcasting corporations in the cassette market is unlawful because this independent business activity, in view of its far-reaching economic-constitutional consequences, can only be authorized by specific law, neither the constitution nor the broadcasting statutes provide such a basis.

4. This is true also if the broadcasting corporations are active on the cassette market not by themselves but by companies depending on them. Also, broadcasting corporations cannot participate in mixed (public and private) enterprises with the aim of producing for television on the one hand and for the cassette market on the other, regardless whether the corporations share in the proceeds from the cassette business, unless sufficient safeguards for the freedom of program of the broadcasting corporations is provided by specific, detailed legislation.

5. Private cassette producers can proceed against the broadcasting corporations, or their subsidiaries, to restrain their activity and to claim damages, under Section 1 of the law against unfair competition, and Section 823, Par. 2 of the Civil Code, taken in conjunction with Art. 2 of the Constitution. *L. F.*

Kolibri 360 GmbH
Ferdinand-Jühlke-Straße 7
99095 Erfurt, Deutschland
produktsicherheit@kolibri360.de